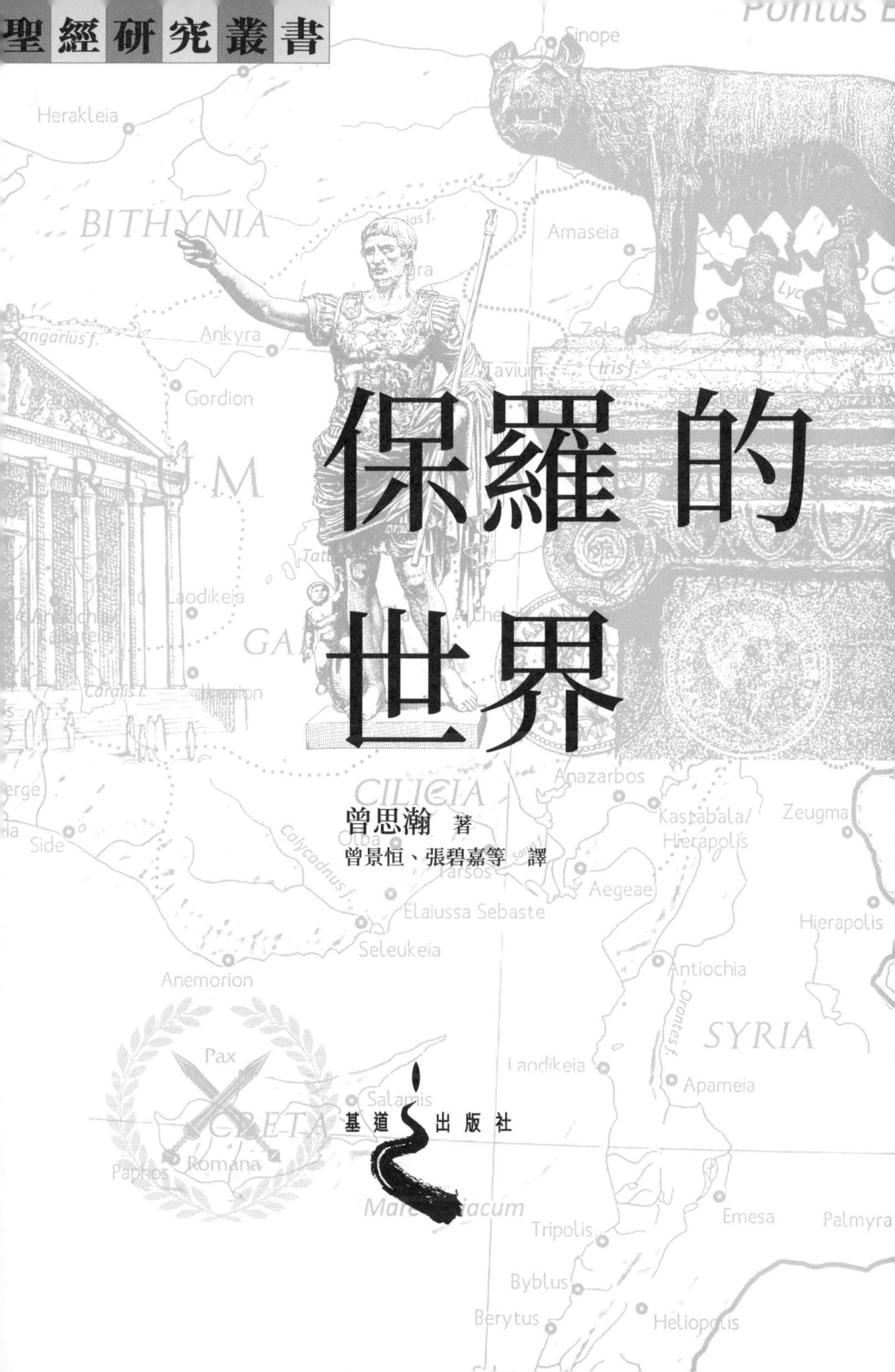

聖經研究叢書
保羅的世界
曾思瀚 著
曾景恒、張碧嘉等 譯
基道 出版社
Pontus
Sinope
Herakleia
BITHYNIA
Amaseia
Ankyra
Zela
Gordion
Laodikeia
CILICIA
Anazarbos
Kastabala/
Hierapolis
Zeugma
Side
Tarsos
Aegeae
Elaiussa Sebaste
Hierapolis
Seleukeia
Antiochia
Anemorion
SYRIA
Pax
Laodikeia
Apameia
Salamis
Paphos
Romana
Emesa
Palmyra
Tripolis
Byblus
Berytus
Heliopolis

▼

聖經研究叢書

保羅的世界

Paul and His World

作者

曾思瀚 Sam Tsang

譯者

曾景恒、張碧嘉、基道編輯小組

審閱

馬榮德、吳國雄

執行編輯

吳國雄

裝幀設計

奇文雲海・設計顧問

■

出版 / 發行

基道出版社

香港沙田火炭坳背灣街 26 號富騰工業中心 10 樓 1011 室

LOGOS PUBLISHERS

Unit 1011, 10/F, Fo Tan Ind. Centre, 26 Au Pui Wan St., Shatin, Hong Kong

電話：(852) 2687-0331　傳真：(852) 2687-0281

網址：https://www.logos.com.hk

承印

雅聯印刷有限公司

●

4/2024 初版

Cat. No. LP1112

ISBN: 978-962-457-643-6

Printed in Hong Kong

封面圖片：Adapted from mivod/Shutterstock.com, Arthur Balitskii/Shutterstock.com, Morphart/Shutterstock.com Creation, omnimoney/Shutterstock.com, Caliniuc/commons.wikimedia.org/wiki/File:Asia_Minor_in_the_early_1st_century_AD_-_general_map_-_provinces,_client_states_and_main_settlements_-_bleached_-_Romanian_legend.jpg, commons.wikimedia.org/wiki/File:Roman_Coin_4b.jpg, commons.wikimedia.org/wiki/File:Roman_Coin_5a.jpg

刷次	10	9	8	7	6	5	4	3	2	1
年份	2033	2032	2031	2030	2029	2028	2027	2026	2025	2024

Contents

目 錄

Contents
目錄

序

曾思瀚

本書部分內容來自筆者與鄧紹光博士合著的舊作《保羅政治》的第一部，經修訂並添上「監獄書信」的相關研究，而成為讀者眼前的這個新版本《保羅的世界》，至於篇幅也增添了原來字數約三分二之多。筆者希望通過本書向讀者表明一個事實，就是認識經文背後的世界，對研讀聖經絕非無關宏旨的。保羅的世界不同於我們的世界。保羅書信包含了許多具神學意涵的重要隱喻，要好好理解它們，我們必須根據保羅的世界而非我們的世界來加以詮釋。事實上，保羅這些具神學意涵的隱喻，許多是迥異於我們今天流行的理解的，而本書便是要審視這些解釋上的差異。這其實也算是一部小型的歷史書。為甚麼是「歷史」？因為上帝通過歷史作工，祂的作為非抽離於歷史的。如果完全不諳歷史，實難言了解保羅，甚至了解上帝。

筆者一直透過閱讀來學習，這可見於書末的精選推薦書目。筆者於本書沒有就一切討論加上註腳，原因有二。第一，筆者不欲讀者糾纏於學術細節，有興趣進深了解者，當可自行參閱我推薦的書目。第二，於本書中，筆者基本上嘗試先盡力研究原始資料，其他學者的研究多只作參考對照之用（當中如有雷同，實屬巧合——筆者當然不會幻想自己的想法是前無古人、且其他充滿睿智的學者所未曾想過的），但無論如何，筆者臚列的書目，皆是我的良師，每當我要進入當代學者的討論，這些作品都是我的嚮導。此外，筆者從很多人身上獲益良多，首先要感謝我的博士課程督導、如今在田納西大學（University of Tennessee）哲學及宗教系任教的麥迪樂博士（Dr. Barry Matlock），在學術上，他對我影響之大實難以斗量，這也是為甚麼他的名字總出現在我有關保羅的著作中。感謝亨特博士（Dr. Patrick Hunt），他在史丹福大學（Stanford University）任教時，讓我可以有一個框架來解讀古代藝術品和手工藝品。他是皇家地理學會（Royal Geographical Society）的成員，在國家地理學會（National Geographic Society）攝製的節目中出現，帶領瑞士與意大利交界的考古項目，這正正顯示出亨特博士取得了何等的成就。鄧肯博士（Dr. John Duncan）在九龍國際浸信會（Kowloon International Baptist Church）牧養時，與我分享他的博士論文，並且對筆者有關羅馬書的解讀作出回應，筆者實在要向他獻上衷心的感激。感謝《時代論壇》讓我轉載部分曾刊登的文章，那些文章是本書的雛型和試金石，讓我有機會檢視我對普羅讀者的了解。

我感謝出版社、譯者和編輯們，為眼前這部最終成品所做的一切工作。他們不但梳理全書的文字、框架，使本書的信息更加融貫，便於閱讀，更容忍我的諸多缺點，為此我要再次向他們致以衷心謝意。我更希望讀者從閱讀這些背景研究中獲益，靈命得到造就，更能活出基督徒的見證。願榮耀歸於至高的上帝。

第一部

Part One

一
保羅的世界

1. 保羅的世界

1.1. *Imperium*：治權

1.1.1. 帝國中權力的演化

當論到保羅事奉時期的羅馬帝國，我們必須從帝國的最上層開始，即帝國的元首凱撒。我們討論保羅及其身處世界的環境之前，必須意識到一點，就是凱撒和他的支持者支配著這整個環境。而論到凱撒，我們又必須論及權力的問題。凱撒的權力可以分為兩類：被授予的（assumed）和贏取回來的（earned）。下文將首先談論被授予的權力。

普遍用來描述凱撒那種被授予的權力的，是拉丁詞 *imperium*（治權；又譯「最高權力」、「帝權」、「統治大權」等），這詞基本上意指軍隊的指揮權。由於羅馬是藉由強大的軍事力量所建立，因此擁有軍隊指揮大權的凱撒，得以統治整個帝國。成為凱撒，他就成了帝國的元帥。不過，基本上「治權」也是羅馬公民可以擁有的，例如將軍也可以有一定程度的治權，不過凱撒擁有的卻是最終極的治權（the ultimate *imperium*）。雖然有些學者認為，治權乃由法律所賦予，然而這種羅馬共和時期的制衡機制，在帝國時期已失去作用。在羅馬共和時期，不同等級的治權分散到各層級之中，但自奧古斯都（Augustus；統治期為公元前二十七年至公元十四年）以降，凱撒便手握統治的大權了。

有關羅馬帝國治權的歷史演化，是所有研究權力者所不能忽略的。權力是流動的，既可以向上流動，亦可以往下流動。支配這個權力流動機制的其中一個重要因素，是支配土地的權力與法律。我們可以將羅馬共和時期和帝國時期作一比較。貴族（patricians）與平民（plebeians）之爭，終究都會由掌控法律和土地的貴族得勝——權力亦因此向上流動。奧古斯都的軍事行動，正反映出「治權」與軍隊的指揮大權有著密切的關係。他大部分的軍事行動都涉及邊疆的動亂，那些被征服的民族試圖作出反擊，希望從羅馬人手上奪回所有。雖然各處烽煙四起，但元老院的宣傳卻仍用上「關上雅努斯（Janus）神殿之門」（編按：雅努斯是羅馬神話中的門神，其中一個責任是主理戰爭與和平。當門打開，代表士兵出征；當門關上，表示國家處於太平日子）——

標誌著羅馬承平（*pax Romana*, Roman peace），干戈止息。但這只是個謊言罷了。

隨著帝國的「治權」不斷演化，元老院支持奧古斯都繼續他殖民大計之同時，也擔起了推廣羅馬承平這個「神話」的責任；就算到了尼祿（Nero, 54～68）將亡之際（這是解讀保羅作品的重要一點），「近西班牙」（Nearer Spain, *Hispania Citerior*；編按：羅馬的一個行省，現今西班牙東北岸）的總督起來反抗尼祿，仍是如此。為求目的，扭曲真相，自是手握權力者慣用的伎倆。

1.1.2. 權力與尊榮

皇帝如何取得被授予的「治權」，其演化過程是十分重要的課題，因為它刻劃出一種權力的合法性。而更重要的是，「治權」在羅馬殖民主義底下的運作方式。理論上，「治權」乃授予政務官員（magistrate），使其有權代表羣眾的利益，頒佈法令。權力的腐敗當然罄竹難書，但「治權」在真實的歷史景況中如何運作，卻往往是十分微妙的。先說奧古斯都，他享有或大或小的「治權」。但他部分權力是這樣取得的：他將行省劃分為由自己管轄的，和由元老院管轄的，而需要最多軍隊的行省，當然由他自己管轄，以求控制軍隊並限制其他行省的軍事力量。這一著非常高明。他不但得到了空前的權力，亦讓他看來好像樂於跟元老院和它所代表的羅馬人民分享權力似的。奧古斯都所取得的統治大權，也有助羅馬軍事力量的進一步擴張。譬如自奧古斯都以降，直至尤利烏斯—克勞第皇朝（Julio-Claudian Dynasty）結束（即尼祿管治之末年，約莫保羅離世的日子），羅馬軍隊四出征伐，一路殺到威爾斯（在那裏，不列顛人與德魯伊人〔Druids；編按：古凱爾特人的領導階層〕聯手對抗羅馬的殖民統治）。

按照羅馬傳統，成為軍人既是一種光榮，亦是公民責任。參軍者必須擁有若干產業，而各地的主要政務官員，則率領軍隊參與軍事活動。隨著羅馬帝國不斷擴展，入伍的要求及標準亦隨之下降。帝國顯然需要更強大的兵力來南征北討。在許多方面而言，羅馬帝國是個軍事帝國，是一個由軍事力量統領的國家。奧古斯都把不同的軍旅聯合起來，建立起強大的常備軍力，並且透過完善的組織，使軍隊更具效率。這批西方世界最早期的專業軍人，遵行著皇帝的意旨，維持社會秩序，其成員透過參與其中，為帝國贏得了榮譽，而帝國亦會供應他們生活所需，尊榮他們。那麼，羅馬人如何處理新佔領的土地？——他們會趕走和殺害原來土地上的主人，把土地給予將退休的士兵。這當然亦導致更多土地原來的主人遭殺戮。

羅馬的勢力，遍佈各方，今天很多地方依然遺留著羅馬統治的痕迹。不列顛就有哈得良長城（Hadrian's Wall），不過那是晚於保羅著作年代的。在保羅時代之前，繼承提庇留（Tiberius）和卡里古拉（Caligula）的克勞第，出兵征服了不列顛多處地方，打敗了頑強抵抗的卡拉塔庫斯（Caratacus）。羅馬將軍斯卡普拉（Scapula）雖然拿下了卡拉塔庫斯，可卡拉塔庫斯的奮勇廣受敬重，致使他最終獲釋，與家人於意大利度過餘生（有如後來的約瑟夫），而不像其下屬下場悲慘。羅馬人就是以這種獨特的方式，表達對同樣驍勇善戰者的尊重。

因此，研讀新約（尤其是解讀保羅），必須特別留心一點，就是權力和尊榮（power and honor）的概念，是息息相關的。羅馬人尊崇權力，藐視軟弱。隨著歷史發展，他們所累積的，是各等殘害和控制人的方法——而不是仁慈之道——並以此征服敵人。擁有「治權」者，也就是皇帝，是賜下尊榮的主要人物。要理解保羅身處的世界並跟其相關的政治用語，我們必須好好考量由「治權」而生的這一價值體系。

1.2. *Auctoritas*：威望

前文討論過治權（*imperium*）的問題，即「被授予」的尊榮，現在我們來探討一下皇帝的 *auctoritas*（威望、權威）——即他必須設法「贏取」自身的尊榮(earn his honor)。拉丁詞 *auctoritas*,衍生了英文的 authority,但兩者的意義卻不完全相同。有別於英文一般所指的權威,它特別指涉到一種跟「治權」截然不同的權力。

1.2.1. 威望:帝國元首所要贏取的尊重

這種「威望」指一種有影響力的權威,是一種要靠努力才能贏取回來的聲望(earned prestige)。即使皇帝擁有 *imperium*(治權),卻不是每個皇帝皆有本事贏取到 *auctoritas*(威望)。為了得到這種「威望」,皇帝必須花時間在貴族中贏取別人信任,並某程度上受人民愛戴。從這方面看,羅馬帝國的政體亦並非完全極權的(totalitarian)。皇帝要贏取聲望,是共和時期所留下來的痕迹;「威望」根源自羅馬元老院,標示著元老院成員執行裁決的權力,是屬於一種從道德品格而來的道德權威。我們可從奧古斯都身上看看「威望」的例子。

奧古斯都的陵墓有一段刻在青銅柱上的銘文(稱為《神聖奧古斯都的功德》〔*Res Gestae Divi Augusti*, The Achievements of the Deified Augustus〕),銘文上列出了他取得的成就,這展示出贏取聲望的重要。[1] 這篇在修辭上精雕細琢的銘文,表明奧古斯都並非靠著既有的權力來贏取聲望。奧古斯都在極力宣傳的一個訊息，就是他並非倚靠政治的影響力，而是透過服務國家來贏取威信的。功績奠定地位。這碑文正告訴我們，本身既有的權力（即 *imperium*）和贏取回來的聲望（即 *auctoritas*）的差別在哪。人的年齡亦與之有關。雖然較年輕的貴族（尤其是當他們還是青少年時）本身已有一定的權力（即 *imperium*），但他們卻不一定擁有聲望，真正受人敬重。較年輕的貴族的聲望可能不夠，他們也許要花更多時間才能贏取到別人的尊重。而奧古斯都到了白髮蒼蒼，命不久矣之時，他業已贏得了巨大的聲望。功績（和聲望）需要時間累積，純粹行使被授予的權力，不足以贏取別人真正的忠貞和尊重。反之，一個人的品格會影響國家。人可以憑藉他本身既有的權力，呼喝下屬做這做那，但換來的順從，可能是帶著抱怨的。又或者，人可以善用其所建立的關係，讓下屬歡喜快樂地工作。雖然他擁有權力，卻不會像獨裁者般濫用他被授予的權力。實情如何我們未必知悉，但至少奧古斯都想他的臣民這樣相信。這樣看來，攸關緊要的，是統治者的誠信和品格（integrity and character）。

每個社會對誠信和品格的定義可能都各有不同。在羅馬社會，得著尊榮、備受尊重，肯定扮演了重要角色。因此，即使身為統治者，奧古斯都依然受制於社會的價值觀和制度。人民可能因著皇帝擁有「被授予」的治權而順從，但問題是他們有否同時因他所贏取到的威望而尊敬他？那正是保羅的聽眾所面對的掙扎。

1.2.2. 追求威望的尼祿

如上文所說，贏取回來的威望（*auctoritas*）有別於治權（*imperium*），是一種特別的權威，是極具影響力的。[2] 一個領袖雖擁有「被授予的尊榮」，但若要得到認可和合法性（legitimacy），其中一個不可或缺的元素就是贏得「威望」。要真正受人敬重，擁有與生俱來的權威並不足夠，還要尊重古聖傳統，才能贏取到更大的認可。有些學者稱之為「魅力型權威」（charismatic authority）。然而，尼祿失去其合法性，跟他個人魅力無關，而是因他晚年誠信和品格破產。忠於古聖傳統之所以重要，因為「威望」根源並原屬於羅馬共和時期的元老院。奧古斯都死後，元老院的威望依舊，人卻愈來愈少用此語來描述皇帝。這表示元老院肩負著政治監察和制衡者的角色，形成了一個具「威望」的羣體。可惜，自奧古斯都死後，「威望」這高貴品質不再以皇帝為焦點。在奧古斯都之後，有許多貴族得到了這份尊榮。因此，從共和時期直到帝國時期，要贏取認可和合法性的張力，一直揮之不去。研究奧古斯都生平，可明顯看到他贏取權威和認可的方式：致力恢復和擴展似乎正在逐漸衰微的羅馬共和國的榮耀。他努力工作，成為了「救主」，為羅馬在列國中贏取尊榮，因此人民均格外樂意給他認可，承認其合法性。奧古斯都代表著贏取威望的典範。尼祿卻相反。

為甚麼要談論尼祿？因為保羅主要在尼祿掌政期間寫作。其實尼祿的開局極佳，我們可以參考兩位羅馬史學家塔西佗（Tacitus）和蘇埃托尼烏斯（Suetonius）的記載（雖然他倆不時把傳說與事實混為一談）。尼祿由皇帝克勞第（保羅撰寫加拉太書時，正是克勞第時期）收養為皇位繼承人，早年敬重生父，亦敬重養父，並聲言會致力建立一個像奧古斯都時期的政府，因而得到元老院的認同。他高舉男子氣概，大量捐助人民和軍隊，令他跟大眾建立起良好的關係，並於早年已贏得美名。據一些記載，尼祿是出色的雄辯家，而這是當日貴族的標記，人民會聚集聽他就不同議題發表演説。為了公正地判決案件，尼祿更會徹夜細讀案卷，審視案情。至此，他盡展個人魅力，施行慈惠，秉行公義，以達到贏取尊榮的標準。按著羅馬人美德（virtues）的標準，早期的尼祿的確贏得了認同——可他最終得不到奧古斯都般的「威望」，因後者能夠貫徹始終。人必須保持尊榮，始終如一，才能贏取「威望」。

1.2.3. 失去威望的尼祿

早期的尼祿的確甚得人心，因為他珍視原有的羅馬價值觀，又為羅馬人的生活添上新色彩。然而，這一切不過是短暫的。他漸漸敗落的第一個原因，是他愛出風頭。蘇埃托尼烏斯聲稱他會聘用年青貴族，於他進行公眾音樂表演時為他鼓掌。事實上，音樂佔據他愈來愈多時間。他甚至參加歌唱比賽，評判當然不敢給他負評；判他勝出者，更會得到巨額賞賜。蘇埃托尼烏斯進一步聲稱，尼祿會裝作平民百姓，在街上醉酒鬧事——直到他幾乎被一個元老院成員打死。蘇埃托尼烏斯所記載有關尼祿的荒淫性事，或許只屬傳言，但尼祿的種種行徑，無論如何不可能叫臣民受落。他的財務觸覺亦非常不濟，他只顧花費巨資在種種建築項目上，毫無節制，卻輕忽了支付軍隊開支。為了作出補償，他強奪神廟和富戶的錢財。蘇埃托尼烏斯更多次使用「有違習俗」這不祥判語來評斷尼祿。

尼祿敗落的第二個原因是怕有能之士威脅到他。蘇埃托尼烏斯聲稱，尼祿對謀害克勞第的計劃是知情的。尼祿亦試圖行刺和誣告母親，致使她最終自殺收場。他有三名妻子，可後來不是被他所休，就是被他所殺。他更進一步無視公義，要麼捏造指控，要麼舞弄司法，處死了許多人。透過簡述尼祿的興衰，我們絕對感受到當時羅馬人民的苦況。

尼祿的濫權暴虐，有些可能只令人厭煩，有些卻帶來了無法挽回的惡果。

尼祿變得反覆無常之日，保羅較早期的書信（即加拉太書、羅馬書、哥林多書信，以及帖撒羅尼迦書信）早已成書。這時候，羅馬發生了大火，同時燒毀了許多有價值的古建築。雖然許多人相信是尼祿下令放火，可他卻將一切歸咎於基督的追隨者，並將他們送上火柱。時維保羅寫作教牧書信的年代。經過十四年的壓迫統治，國家終於受夠了。由於尼祿多年來未有好好履行職責，羅馬軍隊已江河日下；行省高盧和不列顛尼亞起來抗爭，西班牙總督迦爾巴（Galba）也發起叛變對抗尼祿。尼祿曾一度考慮向迦爾巴或抗爭的帕提亞人（Parthians）投降，他最終卻沒有這樣做，因他害怕性命不保。基本上，尼祿破壞了奧古斯都所建立的一切，致使羅馬的榮耀幾乎盡毀。尼祿不但沒有致力帶領軍隊重拾昔日的光輝，反而逃避現實，沉醉在享樂之中。沮喪的百姓開始在雕像和建築物上塗鴉，宣洩不滿。

四面受敵的尼祿，最終決定自殺，卻又似乎沒膽量行事。蘇埃托尼烏斯聲稱有人向尼祿報信，說元老院要把他脱過清光，折磨他至死。那實在太可怕了，他試圖自刎，而終在其抄寫員的幫助下「求仁得仁」。這個悲慘的結局結束了由奧古斯都建立起來的強大皇朝，帝國隨之陷入一連串內亂。不過，即使最差的暴君，亦有其追隨者。有些人宣稱尼祿將會復活回來，除滅敵人——他當然沒有回來；而剩下的，就只有人們對他種種劣行的回憶。

1.2.4. 小結：保羅時代的政治權力

上文簡介了保羅時代的管治權力形勢，以下稍作總結。

首先，隨著奧古斯都建立起的帝國而來的，是治權（*imperium*）的豎立。在極權的政權中，「治權」隨著統治權力而來，皇帝得到或被授予權力，去承擔一定的職責，並享有一定的尊榮。這是羅馬帝國的社會及管治規範。

另一方面，「威望」（*auctoritas*），即贏取回來的權力卻複雜得多。奧古斯都之後，愈來愈少人將「威望」的觀念套在羅馬皇帝身上。無論人喜歡與否——而且奧古斯都亦難言完美——奧古斯都變成了理想統治者的化身，其魅力和能力，俱是後來者難以匹敵的。因此，當時很多羅馬作家都認為，美好的日子早已遠去。往昔有多好？奧古斯都尊重前人的傳統，同時亦在軍事行動和政府架構中展現領導能力。雖然按基督教價值觀而言，他也有做過道德上受質疑的事，但他卻倡議公正的法律，以圖建立道德秩序。這種貫徹始終的表現，確立了他的傳奇地位，供人學效。

1.3. 教會與帝國的關係

1.3.1. 克勞第時期

那麼教會與帝國的關係如何？保羅奮力開拓宣教工作之時，正是克勞第（Claudius, 41～54）積極掌政年間。他在位超過十年，所推行的政策對保羅有一定影響。因此，要梳理保羅時期教會與國家的關係，認識克勞第的管治手法十分重要。

克勞第是該猶（Gaius；又名為卡里古拉〔Caligula〕，意即「小軍靴」）的叔叔，也是該猶遇刺後的繼任人。克勞第本屬家族中不太顯眼的成員，他花了良久才在元老院及其家族中贏取到勝利者的形象。他因著穩住了帝國北部邊疆（例如日耳曼地區）的局勢而深受敬重。與此同時，克勞第逐漸剷除了一些不合意的元老院成員，或驅逐他們，或迫他們請辭。可同時間，他對身邊的人則採取懷柔政策，以保住他的尊榮。許多信任他的人甚至推舉他成為元老院之首，不過他卻否決了這動議，免得別人認為他過分受吹捧。他為了維護自己的尊榮，處死了越軌的妻子瑪沙蓮娜（Messalina）。她在克勞第面前答辯時，請來維斯塔貞女（Vestal Virgins）的高級女祭司，希望說服克勞第饒她一命，不過終究還是失敗了。

克勞第所帶來的另一宗教上的影響，是他的占卜師班子，就連羅馬歷史學家塔西佗在其《編年史》(*Annals*)中，亦有以自然現象作為預兆(omens)的記載。這些術士用古老的法術來預卜未來。雖然克勞第偏向他們，卻沒多大證據證明他們對他有任何重大影響。然而，這不是說克勞第對宗教事務毫不上心。事實上，他似乎曾主動阻撓來自東方的神祕宗教在境內擴張(我們只能猜測，他這樣的行動或許與他越軌的妻子瑪沙蓮娜有關，而她所拜的乃是酒神戴歐尼修斯〔Dionysus〕)。這個有點奇怪的政策絕非個別例子。克勞第的另一位妻子，即他的侄女阿格里娉娜(Agrippina；尼祿的母親)，亦曾指控死對頭波蓮娜(Lollia Paulina)——在瑪沙蓮娜死後，波蓮娜亟欲與克勞第成婚——跟迦勒底的占星家有聯繫，這事最終導致波蓮娜被驅逐。由此可見，那時候國家對宗教的逼迫乃出於個人原因，而非跟意識形態相關。百姓信奉甚麼，皇帝根本不大在意。

綜觀而言，我們看到國家與宗教的關係，可說是既緊張，又難以觸摸(膜拜已過世的皇帝這羅馬國教除外)。克勞第並沒有偏袒某個信仰，但實情可能是他對每個信仰亦不甚了了。當然，他並不需要在作出會影響宗教的決定之前，認識所有關乎這些宗教的事。

前面討論過克勞第的宗教政策，下面將列舉一個案例，是直接關係到基督教會的。在克勞第任內，對基督教來說，最重要的事件莫過於猶太人被驅逐出羅馬城，而此事記於使徒行傳十八章 2 節，亦記於蘇埃托尼烏斯的《羅馬十二皇帝傳》(*Twelve Caesars*)，以及卡西烏斯・狄奧(Cassius Dio)稍後期的歷史記載。

猶太人是否從整個意大利被逐(或許不太可能吧)? 或者只是某些領袖被逐出羅馬城？學者無法就此達成共識。在蘇埃托尼烏斯的記載中，*Christus*(基督)誤寫成 *Chrestus*，因此部分學者不認為蘇埃托尼烏斯所記述的是指到同一事件。卡西烏斯・狄奧指出，猶太人被驅逐的原因是他們的人口太多，引來社會動盪。若根據卡西烏斯・狄奧所記，那麼事情可能早於加拉太書成書以前已經發生。不過，若我們根據路加在使徒行傳十八章 1 至 2 節的記載，此事大約在加拉太書成書時發生——假設加拉太書在較早期即公元四十九年成書。再加上使徒行傳的記載，我們可以拼貼出一幅圖畫，讓我們一瞥公元一世紀四十年代晚期所發生的事。

權衡這些記載後，我們可以看到猶太人被逐的大概情況(只是無論我們怎看，當中不免還是會涉及到一定程度的猜測。當然，有少數學者認為從來沒有驅逐一事，但那畢竟屬少數)。或許並非所有猶太人皆被逐，但至少堅決相信耶穌的猶太人，有相當部分被逐離開，否則路加肯定不會在使徒行傳十八章 1 至 2 節描述猶太人被驅逐時，用上「都」一詞(編按：《和修》作「所有」)。

剩下的少數人，或許與外邦人和其他對耶穌另有看法的猶太同胞，混在一起。當羅馬的猶太會堂失去了好些猶太成員，而外邦歸信者卻繼續留下，問題便凸顯出來。克勞第此舉從根本上改變了羅馬的猶太人人口比例，也影響了其特質——留下來的人，將更能包容多元的想法，包括耶穌是基督這說法。基本上，羅馬的會堂羣體，成為了一個讓更多人可以聽聞耶穌的溫牀，因為當中既有極大的包容性，亦有許多外邦人混雜其中。當然，如前文所言，無論我們怎樣看，這還是涉及某程度的猜想。

社會政策跟社會中的各種羣體，那怕是非主流羣體如這裏的猶太社羣，長期處於互動之中。我們不難看見，當政府以政策介入社會中某些小羣體（這裏即是猶太人），會對這些小羣體帶來重大影響。而信仰羣體的表現，亦可能會引來後續的各種互動。克勞第只想羅馬太平無事，安定繁榮，自然穩定勝於一切，以不影響他個人的事業為是。而這裏他的解決方法是驅逐釀成社會不安的猶太人。據我們對克勞第僅有的資料，我們無法斷定信仰羣體在這事件中是否有任何犯錯，但無論如何，信仰羣體身處社會之中，是無法獨善其身的。

1.3.2. 尼祿時期

政府的政策對信仰羣體有何影響？克勞第接任者尼祿的時

代，也許可以給我們帶來啟迪。我們多少會聽過羅馬城大火後，尼祿如何逼迫基督的追隨者，然而，如前文所言，尼祿的政策其實是異常混雜的。例如，尼祿成為皇帝後，竟放寬猶太人在羅馬居住的政策，容讓因爭論基督身分而被逐者回歸。而這正是歷史諷刺之處。許多人歸來了，這可見諸保羅在羅馬書十六章 3 節問候被克勞第驅逐（徒十八 1～2）的百基拉和亞居拉一事。可是，這又引發了沒幾人可以預料得到的「新景象」：許多人回到他們之前敬拜上帝的地方（即會堂），卻遇見一大羣他們不認識的全新敬拜者，其中有許多是外邦人。一處地方過了十年可以出現天翻地覆的轉變。也許，相信耶穌是彌賽亞的人，數目及比例大增，因為猶太人本身沒有領人歸信的習慣，但耶穌的追隨者（猶太人的和外邦人的）卻不然。隨著頻繁的歸信，會堂的宗教構成，變得如種族構成一樣混亂——回歸的人難免想重拾昔日的生活，而新成員則無可避免會抗拒這些「突如其來」的猶太人的干預！

而這正是尼祿政策極盡諷刺和弔詭之處——他准許回歸羅馬的人，日後竟然成為羅馬大火的代罪羔羊！按蘇埃托尼烏斯記載，尼祿以諷刺的方式逼迫基督的追隨者——他指控他們在羅馬城放火，把他們活活燒死！他甚至借出自己的院子來進行這些邪惡的勾當。當然，他亦用上了各種方法來殺害基督的追隨者（例如：釘十字架；給他們穿上獸皮，任由他們被犬撕噬等）。大火之後，尼祿重建、重修所有被毀之處，甚至使之比從前的更宏偉。許多人懷疑是尼祿自己放火焚城，這一半源於他的瘋狂，另一半出於他重建羅馬的私慾。無論如何，尼祿統治時期的政策，不論是早期還是後期，皆大大影響著基督的追隨者。這些南轅北轍、朝令夕改的政策，正正反映了尼祿自身的矛盾不一，無論是理性上、倫理上與道德上。而人民、包括信仰羣體的利益，很多時就給犧牲掉。

2. 保羅的隱喻

2.1. 保羅如何使用隱喻

今天詮釋者其中一個錯誤，是不諳保羅如何使用隱喻，也不明白保羅的隱喻世界（metaphorical world）。很多人誤把保羅的遣詞用字局限於現代神學的層面，有些人則誤以為保羅的著作不過是在表達教義。可事實並非如此——保羅的文字是包含著豐富意象（imageries）的文字；有時候，更用上了當時常見的政經、文化術語。本章會先行梳理九個重要隱喻的意思，以幫助我們在本書餘下部分探究好些保羅書信經段的含義。

首先，隱喻是甚麼？隱喻可說是一個濃縮了的類比（condensed analogy）。每個類比都有其本身的敘事（narrative），而敘事是源於類比本身所屬的文化。每當作者用上隱喻，都是在用類比的方式，借用其敍事世界的某些元素，以傳達某個意思。因此，我們熟知的提問「該按隱喻還是該按字面來理解」，其實是無謂的二分。隱喻必定包含字面意思，但卻不一定包含所有層面的意思，而可能只包含有助強化信息的那個意思。經文的脈絡，會約束隱喻可能傳達的意思和信息。

我試舉例説明隱喻如何運作。「那個男人是一頭豬」這句話，在不同文化中可以有不同解釋。豬有不同特點。從科學角度而論，豬是其中一種最為聰明的動物，過去人們亦曾訓練豬來看守門口。不過，在華人的文化中，豬卻是笨的代表（也許出於其外貌和行徑？），這樣，若有人説某人像豬一樣，肯定不是説那人滿有智慧，而是指那人實在非常笨。另一方面，就務農而言，由於農夫會給豬隻餵飼殘羹剩飯，會令人聯想到不乾淨，這也許正是為甚麼在美國説「他是一頭豬」，可能意味著那人甚麼東西也可以放進口裏。而且，在美國也不會有人説「他笨得像一頭豬」，因為按美國文化的詞彙，笨並非用豬來形容，而是用「牛」來形容——在美國，我們可以説「他笨得像頭牛！」「豬」作為一個隱喻，與豬的科學事實無關，卻攸關一個文化對豬的觀念，而不同文化對豬的看法各有不同。因此，研讀保羅思想的時候，我們必須學習按他的文化角度來解讀他的文字，方能真切明白他書信所使用的意象的含義。

2.2.「身體」

2.2.1. 羅馬帝國中的「身體」隱喻

「基督的身體」(body of Christ)是保羅喜歡的教會隱喻之一。按現代人的解讀，會把身體理解為一種生物性存有(biological being)。然而，無論在現代還是在新約世界中，「身體」還有政治層面的面向，是基督徒詮釋者不常探索的。解讀經文時，很多時我們會專注於研究文本本身——這當然合情合理——但這裏讓我們先放下文本，轉看看圖像學(iconography)的問題，了解每段描述事物之經文的背後，所深藏著的該事物原來的可見形象(visible image)。[3] 筆者這裏的討論，深受盧佩斯(Davina C. Lopez)的研究啟發，不過卻朝不一樣的方向發展，即被征服的「身體」喻指著政治實體(conquered "body" as a political entity)。[4]

從圖像運用的角度出發，我們可以看到如何以某一人的身體代表整個國家。我們來看看安放在阿弗羅狄西亞(Aphrodisias；今天土耳其境內)一座廟宇裏的雕塑。廟宇是奧古斯都死後為紀念他而建的，約在公元二十年開始興建，並約於尼祿時期竣工，其美學元素代表著羅馬帝國的意識形態。這類建築物純粹為了政治目的而興建。事實上，一所專門用來膜拜皇帝的廟宇，是理解帝國意識形態的最好教材。我們要看的雕塑是這樣的：克勞第抓住一個婦人，騎在她背上，扯著她的頭髮。婦人衣冠不整，且露出一邊乳房。[5] 這個圖像很可能預示著婦人將受到性侵犯。這個婦人代表布列塔尼亞（Britannia），即被羅馬人征服的不列顛人的女神。在雕塑中，她象徵著被征服的不列顛尼亞行省人民所受到的羞辱。當我看見這件藝術品，不禁問：「為甚麼會用這個擺出受辱姿勢的婦人來代表不列顛人呢？」在新約時代，即或男性可以赤身露體（有時候只是赤裸半身），以展示其滿身肌肉的榮耀身軀（例如：奧古斯都的雕像），女性一般還是穿著端莊的，除非是妓女或女神維納斯（Venus）。用上述這種形象的女性身體來代表不列顛人，正正顯示出「身體」在其表現形式中，可以代表一個羣體。在這個例子中，所代表的羣體是不列顛人，而克勞第顯然代表著羅馬帝國手握的大權。其實在這座廟宇裏，類似的描繪比比皆是。還有一個類似的雕像——尼祿站在一個頭戴佛里幾亞帽（Phrygian cap）、代表亞美尼亞（Armenia）的赤裸女子旁邊，抓著受害者，扯著她手臂，粗暴地在地上拖行。強壯的男性身體，與無助的女性身體形成了鮮明對比，而當中充滿著豐富的政經文化意味。新約時代很多雕塑的姿勢，都表現著這種意識形態，尤其當雕塑是政治工具，傳達羅馬的偉大時，就更是如此。女性身體代表著軟弱和戰敗的民族——被奪走了尊嚴，受盡羞辱。性侵不僅是身體上的傷害，也代表著欺壓和濫權，就是放到今天亦然。只要我們環視今天各等傳媒如何「注視」和形容女性的身體，我們也看到了身體與權力的關係。因此，即使是今天，「身體」也不只是物質上的存有。

2.2.2. 奧古斯都身體的象徵

在奧古斯都的雕像之中，最重要和最著名的是「第一大門奧古斯都像」(Augustus of Prima Porta)。這件美麗的藝術品原本是彩色的，描繪一位正值盛年的男子；不過隨著歲月流逝，所有顏色都褪去。這雕像保存得甚好，其照片幾乎出現在每本論到奧古斯都的著作中。筆者關乎啟示錄的所有著作，都曾提及這雕像，而這裏則進一步借此探討身體象徵這課題。

單看雕像外貌，俊朗不凡的奧古斯都展示著雄赳赳的肌肉，似乎長青不老。他高舉的右手，標誌著他曾經手拿一個月桂冠冕(黃金造的？)，向所有軍旅顯明他就是那位絕對的君王；而他左手挽著皇帝的袍子(最初很可能是深紫紅色的)，如同今天紳士們拿著外套那樣。

觀察雕像的細節，會發現奧古斯都的身體充滿著象徵意涵，傳遞了遠超過他個人的信息，演繹出層層的意識形態，宣揚著羅馬帝國的偉大。在奧古斯都時代，人們視他為重建羅馬的帝國英雄，恍若羅馬的奠基者羅慕路斯（Romulus），而雕像矗立著，正向往來的人展示出帝國的權勢。

雕像護胸甲的設計也惹人注目。這個護胸甲可能只在禮儀上佩戴，而非軍事用途的。護胸甲的中心，刻著帕提亞人的王把帕提亞軍旗交予一個羅馬軍人（帕提亞人是羅馬人的強敵，令羅馬一直陷於苦戰，直到公元三世紀）。強敵俯首稱臣，象徵羅馬的強盛。護胸甲的左右方身形略小者，亦是被征服的人。接近胸骨位置，刻著太陽神索爾（Sol）在天空張開帳幕，而月亮女神露娜（Luna）和黎明女神歐若拉（Aurora）則帶來光芒，這表示神明的祝福不僅臨到奧古斯都，也恩澤整個帝國。

雕像腳旁還有一個小小的愛神厄洛斯（Eros）天使像，配上將要繼承皇位、奧古斯都孫兒該猶的樣貌。從海中游上來的海豚抬著這個小孩子，可能象徵奧古斯都最終在亞克興（Actium）海戰中得勝，奠定其帝國的基礎。海洋所指涉的，是羅馬人稱霸海洋，並控制各大洲之間的一切商貿往還。與此同時，小天使厄洛斯也表明了生育的重要，這是所有人都渴望得到的祝福。在帝國歷史中的許多時期，包括奧古斯都時期，出生率下降都是惱人的問題。這個小小的天使表明人們渴望得到祝福，繁衍後代。

上述的簡短評論，讓我們看到奧古斯都的「身體」，不僅展示出美和力量，更傳達了羅馬帝國從古以來的最重要理想。

第一大門奧古斯都像
Gilmanshin/Shutterstock.com

Cris Foto/Shutterstock.com

這個雕像本質上是政治性的，更包含著預言意味，指向更美好的將來。

2.2.3. 文獻中的「身體」

透過希臘文和拉丁文文獻傳統來了解羅馬的政治情境，亦能大大幫助我們更好地解讀「身體」。希臘文文獻中與身體有關的政治類比（political analogy），或許以柏拉圖的《理想國》（*Republic*）卷二和卷八最為著名。當中記載蘇格拉底（Socrates）提出了受制衡的民主應有的模樣（《理想國》2.368e ～ 369b；參色諾芬〔Xenophon〕：《回憶蘇格拉底》〔*Memorabilia*〕2.3.17 ～ 19）。這個理想國的「身體」，如同人類的身體那樣，遇到痛楚或感到舒服時會作出反應（《理想國》5.464b；西塞羅〔Cicero〕：《斥安東尼》〔*Philippics*〕8.15）。這種柏拉圖式隱喻，亦見於較後期的新柏拉圖主義（Neo-Platonism）作品。城市就好比一個身體，在其中人們治理得宜，不受私慾這「疾病」影響致內訌互鬥（《理想國》8.556e）。描述一個「政治身體」（political body；編按：本書使用 “political body” 一詞，其意思不停留於一般現代意義上的「政治組織」，當中的意涵將於下文逐步加以闡釋）的「疾病」，屬於一種「身體隱喻」（body metaphor）。當我們解讀文獻中的政治主題，不應單著眼於「身體」一詞，也要留意所有與身體相關的主題。譬如說，今天我們會說「教會生病了」，那便是以身體作為隱喻，不然教會怎可能生病呢？在柏拉圖的著作裏，蘇格拉底以這個隱喻來描述一個城市及其管治團體。正義會為這個城市帶來健康，不義則會使城市生病，法律秩序是市民健康地合作的主導和管治原則。如此，城市就如一個身體。如何做得到呢？當城市及其管治運作「如同一人」，像一個身體那樣，城市就健康；當外來或內部威脅，令大家意見相左，城市就生病了。合作（cooperation）是一個政治身體保持健康的關鍵。

在拉丁文文獻中，身體一詞的拉丁文是 *corpus*。其中，把一整羣人描述為一個身體的，最出名也許是李維（Livy）的羅馬歷史著作，約在公元元年寫成，記載拉納圖斯（Agrippa Menenius Lanatus；編按：他於羅馬共和時期身居最高官職執政官〔Consul〕一職）向準備離開羅馬的人民說話，指出這會令羅馬不再像一個合一的身體（united body）那樣合作。有趣的是，拉納圖斯的演說距李維記敍此事的時間，已超過四個世紀之久！李維大概想透過這樣的記述來說服羅馬人，要他們順服奧古斯都的統治，使奧古斯都的計劃得以順利推行。公民的離開，就好比身體的一部分脫離身體，如此身體很快便會分崩離析，不復存在。身體不整全，奧古斯都的鴻圖偉業又如何能夠取得成功？

上述希羅文獻中的身體隱喻例子，闡明了廣義政治建構的一些重要面向。要衡量「身體」的健康狀況，可以問：第一，它是否為了大家的共同目標而努力？第二，它有否適合的成員去達成這些目標？第三，有危害身體健康的因素存在嗎？這類問題對解讀保羅的文字世界實在非常有意思。

2.2.4. 要動手術的身體

有關身體的隱喻，其中一個有趣的課題是政治論述中的「手術」（surgery）類比。先讓我們看看西塞羅的說法：政府是一個身體以及治療是對身體有益的；繼而在保羅著作中，我們再看看當中可能的平行記載。

喀提林（Catiline）是羅馬元老院的成員，他密謀對抗西塞羅。喀提林最初承諾削減債務，以爭奪執政官一職，但他的計劃失敗了，成為執政官的希望，也化作泡影。此後，他伙同好些不滿現狀、同陷困境的貴族，發起一場反對羅馬共和國的動亂，試圖奪取權力。最後他失敗了，同黨被判處死刑，而他則逃離羅馬，到高盧招兵買馬，伺機發動反擊。

在元老院的演說中（西塞羅：《斥安東尼》8.15），西塞羅對喀提林仍然在生感到憂心忡忡。[6] 西塞羅的話顯然是衝著元老院內同情喀提林的人而說的，他把喀提林比作無可救藥的病肢，需要切除，才能拯救整個身體——當然，西塞羅乃是指拯救羅馬共和國這個「身體」而言。在任何醫學隱喻中（medical metaphor），「頭」這個最重要部位是從來不會切除的。共和國顯然有一些重要的成員，尤其是管治階層的成員，也就是身體的「頭」。喀提林如同中了毒的肢體，會破壞尤利烏斯．凱撒（Julius Caesar）夢想中的整個共和國計劃。最後，當喀提林領軍進入羅馬時，羅馬軍隊在戰場上將他殺死，完成了切除病肢的截肢手術。

在保羅給哥林多教會的書信中，「身體」是一個重要的隱喻。在哥林多前書十二章 12 至 26 節，保羅把教會比作一個身體。這個身體是基督的身體，有許多肢體彼此合作。雖然保羅未有如西塞羅般使用「截肢」等激烈詞彙，卻也在哥林多前書五章作出了嚴苛的命令，要將一個犯了性罪行的弟兄趕出去。那人被逐，最首要的並不是要他永受咒詛，而更多是為了團契關係的整體健康。我不是説保羅的隱喻源於西塞羅，而是説這個隱喻表示保羅關心教會的健康，就如同西塞羅關心共和國的健康。

「身體」的觀念，以及無可救藥的病肢會害死整個身體的觀念，均表明了一點，就是某些倫理行為是嚴重到足以摧毀整個組織的。西塞羅和保羅如此決絕，表明了他們認為採取這種紀律嚴謹的進路，對政府和教會的公共生活的康泰而言，是刻不容緩的。當然，無論西塞羅如何努力，也無法拯救共和國。而他們的信念的一個關鍵點，是肢體與身體的連繫（connection），而所有這樣的連繫均是關係性的（relational）。若我們忽略了關係的倫理面向，即使身體取得某種成功（如羅馬元老院，或者滿有恩賜的哥林多教會），卻仍可能會身罹頑疾，慢慢痛苦地死去。

2.2.5. 肢體間彼此爭競？

「贏在起跑線」，是港人堅信的硬道理，甚至有母親執意計算如何讓孩子能成為「大 B」，於一月出生，以有利讀書考試，加強競爭力。而「贏在起跑線」這句話本身便包含了豐富的隱喻，指出生活是場艱鉅的競賽，不僅要贏，且要盡早取得優勢，擊敗對手。勝者為王，贏者通吃！這也是一個適者生存的隱喻。對基督徒來說，生活可否有另一個選擇，是有別於此的呢？保羅的教會觀告訴我們一個截然不同的看法。

在羅馬書十二章 4 至 5 節，保羅以基督的身體來描繪教會的生活。羅馬書的教導無疑受到哥林多前書十一至十四章啟發。在哥林多前書中，保羅對互相攻擊、陷於分裂、麻煩多多的哥林多教會給予提醒。成為基督的身體是甚麼意思？——那就是不把軟弱的肢體視為失敗者。我們看哥林多前書十一章 33 至 34 節：「所以我弟兄們，你們聚會吃的時候，要彼此等待。若有人飢餓，可以在家裏先吃，免得你們聚會，自己取罪。其餘的事，我來的時候再安排。」保羅於此就「主餐」的問題提出實際的建議，而他們的主餐是與正餐同時舉行的。保羅指出，富有的人不應在窮人來到前先用餐。在那個時代，食物多由富人供應，畢竟窮人生活捉襟見肘，哪來食物供教會筵席分享呢？而且他們多忙於生計，要長時間工作，稍晚才能參加聚會，因此富人自然會認為自己配得優先享用食物。從世界的標準看來，窮人是社會上的失敗者，非富貴人家出身，亦鮮會與富裕階層通婚，他們必須汗流浹背地工作才得糊口。哥林多教會明顯跟隨了社會的規則行事，順應富人的心意，不惜犧牲了教會的合一。

每當一個社會結構，就如羅馬政權所建立的社會結構，創造了社會層級（hierarchy），教會便要忠於所託，好好履行自己的天職，活出另類的見證。保羅的「政治」，是同情並尊重被世界奪去尊嚴的人，他的教會論創造出一個空間，讓世人眼中的失敗者重拾尊嚴。在主餐（和基督身體的信仰實踐中）的秩序裏，窮人地位得到提升，得著尊嚴。富人要等候窮人，而不是相反。窮人的生活步伐得到重視，教會要以此來決定主餐和筵席的時間。保羅這裏並非純粹關心食物的問題，食物只是更深層次的問題的一個表徵。假如基督徒的生活也是一場「競賽」，我們不過是隨從不義的人類制度，任其擺佈，變相助桀為虐，以為得到勝利，事實卻可能是輸掉了一切。基督徒的人生，蒙那位滿有恩惠的主人賜下了不配得的尊嚴，這便是活得其所、值得為之而活的人生了。而這正是保羅的「政治思想」要創造的生活方式。

有一點延伸補充，是關於比賽隱喻的（athletic metaphors）。當我們拿保羅的「身體」隱喻，跟他時代的身體隱喻相比，我們會看到保羅的「身體觀」跟比賽的隱喻是不相容的。意即我們當然可以用比賽的字眼來描述個別基督徒的人生，但當我們談論基督的身體時，應避免使用這類比賽隱喻。

2.2.6. 身體作為另類的國度

下文會將希羅傳統（按其藝術表達形式和文獻傳統）的身體觀念，跟保羅的身體觀作出比較，以總結這部分的討論。

無論是共和時期還是帝國時期，羅馬人均以「政治身體」來顯示某種理想；而為了達成此一理想，大家要通力合作，這也是羅馬人通過身體隱喻想強調的。任何破壞這個平衡的，都是有害的。很明顯，這些理想包括倫理行為和政治安定。繁榮全賴保持安定。簡單來說，這個政治身體就是一個國度（kingdom），而這一國度以凱撒為首，並以元老院作為平衡的力量（較諸帝國時期，共和時期更是如此）。

這與保羅的身體隱喻有何關係？保羅的隱喻與希羅傳統的共通之處：第一，兩者都強調彼此合作以達成理想。羅馬書十二章和哥林多前書十二章 12 至 31 節就是很好的例子。第二，兩者都有著組織性的架構。第三，由壞影響造成的分裂均會帶來傷害。

不過，兩者也有分別：第一，雖然它們都強調合作，但合作的理由卻截然不同。羅馬的帝國主義式合作，建基於奧古斯都的和平；基督追隨者的合作，卻是因為他們要在地上代表基督（即成為基督的身體）。第二，「身體」這個隱喻在羅馬的政治中，代表著帝國的野心；基督的身體卻代表著使命，而教會的使命表達出一套植根於猶太教的獨有文化。第三，從保羅的教導可見，基督身體的治理和運作，其精神跟羅馬的政治結構可說判若雲泥。雖然保羅借用了元老院和會堂的架構來描述教會，但教會的言行卻跟這兩者南轅北轍——得到優待的是軟弱的成員，而非富有的和有權力的成員。身體的隱喻在羅馬傳統中以勇力為焦點，基督的身體則以軟弱為核心。保羅把教會描繪為身體的用意何在？保羅的隱喻表明了政治是社會的基礎。教會廁身於社會，並建立於其中。假如羅馬的政治身體代表著一種國度，那麼基督的身體就代表著另一種國度。兩個國度有時會處於緊張狀態，有時看來會合作無間。無論是緊張還是和諧，兩者的關係無法輕易解除或否定。

2.3. 「教會」

2.3.1. 教會作為政治身體

按照現代的建構，教會是一個宗教團體（religious body）。不過筆者前文已表明，「教會」作為一個「身體」，廣義上本身也是一個「政治身體」。而事實上新約中「教會」一詞，意思也相似，故下文對教會作為政治身體的論述，會盡量簡潔，集中簡述「教會」一詞在希羅傳統中的意思。要真切明白希臘文「教會」一詞的意思，我們必須先暫且擱下自己對「教會」的固有理解，嘗試投進保羅擷取教會形象（image）的希羅世界。

「教會」一詞於希臘文中，其中一個用法是指到具廣義政治性質的集會（assembly of a political nature；例如古希臘城邦的公民大會），這用法與前文討論過的政治身體隱喻十分相似。在約瑟夫（Josephus）的《猶太古史》（*Antiquities of the Jews* 12.164）中，有一個名叫約瑟的人物舉辦了一場政治集會，希望平息潛在的騷亂。這場集會在聖殿舉行，卻不是為了獻祭，也不是為了進行任何宗教儀式，而是為了政治目的。有時候，這樣的聚集是為了特定的需要，例如處理緊急法律事宜（約瑟夫：《猶太古史》19.332）。而「教會」一詞的這種用法並不局限於約瑟夫。從亞里士多德（Aristotle）的《政治學》（*Politics* 1285）到希羅多德

（Herodotus）的《歷史》（*Histories* 3.142），希臘人一直用這個詞來表達因著不同目的而舉行的集會。即使新約聖經中使徒行傳十九章 32、41 節，也曾使用這詞來形容一場反對保羅宣教工作的非宗教聚會。這都並非「教會」的聚會，而更多屬於政治性質或公民性質的聚集。

另一方面，保羅也是來自猶太教世界的，而希臘文「教會」一詞也普遍用於形容以色列人的聚集。由於宗教是以色列人日常生活不可或缺的一環，聚集往往涉及宗教目的。這種對希臘文「教會」一詞的運用和翻譯取向，在希臘文舊約聖經《七十士譯本》（*Septuagint*）中十分普遍（如申四 10，九 10，三十一 30）。不過，再細讀這些段落，亦可能會得出另一種略有不同的結論。舉例來說，對於申命記中的古代立約格式，現代人也許會先看到當中的宗教內涵（也確實是存在的），但我們也要留意一點，就是聚集旨在表達耶和華與祂子民的「立約」關係，換言之，因著以色列是一個國家，這可說是一次關乎法律的政治聚集，而這些法律則完全建基於敬拜耶和華、以祂為神為王的宗教。以色列人的這一概念，在被擄後繼續延續到會堂，也就是說，會堂也包含著這種聚集觀念。

以上這些用法有甚麼共通點？首先，那並不是個體性的（individualistic）；集會往往關係到一羣人。第二，每個集會也有其目的。第三，集會都在某特定建築物或地點進行。第四，集會都是定期舉行的。這樣，當保羅時代的人用「教會」這個希臘文詞彙時，應更準確地定義為：「為了特定目的，而定期在某地方舉行的集會」。雖然這個詞彙後來變成了一個專用詞，專用來形容基督追隨者的宗教組織，但我們也不該忘記這詞在平常語境底下的使用方法，不致丟失教會之所是（being church）的真義。

2.3.2. 基督追隨者的聚集

哥林多前書是最常用上「教會」一詞的書卷，當中如何反映出保羅在希羅世界中對此詞的運用？這裏，筆者大體還是依循上段有關「教會」一詞用法的幾個共通點，去思考哥林多前書的相關經文。首先，前文說過，「教會」一詞並非指向個體。集會關乎一羣人。哥林多教會的主要問題是結黨紛爭（林前一 10，十一 18），保羅指出他們的問題正是個人主義，這見諸於他們對個別領袖的崇拜（林前一 12）和他們自己的行徑（林前五 1）。第二，每個集會都有其目的（一個或多個）。對保羅來說，教會的目的是作教導（林前四 17）、辨對錯（林前六 4）、敬拜神（林前六 19），以及在初期教會的使徒和先知（林前十二 28）的帶領下同心事奉（林前十 32，十一 18～34）、彼此建立（林前十四

5、12），同時不忘服事軟弱的肢體。第三，每個集會都在某特定地點舉行。加拉太和哥林多等地都有教會，信徒會定期集會（林前十六 1～2）。我們無法確知他們的聚會有多固定，但基督的追隨者很可能會沿用會堂每週集會這一模式（事實上他們參考了會堂很多做法）。當然，上述的觀察並不窮盡了教會之所是，而只是按「教會」一詞在哥林多前書出現之處，加以綜合整理，不過這些資料亦應當足以讓我們思考一個問題：若按照這詞在保羅世界的用法，教會的本質為何？這又是否能幫助我們釐清對「教會」的一些誤解？

2.3.3. 教會作為猶太教的創新

保羅所設立的「教會」，或說「目的明確的集會」（assembly with a purpose），表達出有別於在羅馬的另類政治身體。不過，這是怎樣的一種政治身體？要回答這問題，以下我們再深入一點看看前文已簡述過的保羅的觀念的猶太根源。

如前文所言，舊約的「集會」，關乎以色列作為一個服在上帝之下的國家，即一羣立約的子民。當他們集會，聆聽上帝的律法，便表明他們忠於上帝，服膺祂的權柄，讓祂掌管日常的生活方式。我們快速來到一千二百年後，見到猶太人雖受羅馬人管治，但通過會堂的宗教自治角色，還享受著一定的自主。猶太人因著信仰的緣故，往往不肯加入羅馬軍隊和參與其他活動，因他們認為這些行徑有違信仰。及至保羅出現，他更在猶太教內再建立一個「另類羣體」。

保羅呼召外邦人加入的「集會」，是一個以基督為中心的羣體（Christ-centered community）。保羅的宣教對象雖說主要為外邦人，但可能他也不得不把事工與猶太教關聯起來——出於羅馬法律規定，除非這些外邦人基督追隨者被視為猶太教一分子，享受羅馬政權給予猶太教的豁免，否則怎能避過不參與凱撒膜拜？如此，他們得到了法例保障。但無論如何，這些新歸信者自動脫離了一般羅馬人所參與的公共生活。

此外，由於保羅的宣教對象以非猶太人為主，他的「集會觀」得包含普世的向度。保羅的書信當然首重收信人當地的情境，但他心底裏總懷著一個普世的集會觀：集會是由基督追隨者所組成，他們宣稱自己是上帝的子民。保羅在哥林多前書三章 16 至 17 節的「聖殿隱喻」，亦正好表達了他的這個想法。「聖殿」比起任何地方性的會堂，對整個帝國的猶太教而言，都具有更為普世性的權威。同樣，保羅提出的新約普世教會（林前十二 28），有使徒、先知和教師，比起任何地方性的教會，亦擁有更大的影響力。較後期的保羅書信，普世教會的概念愈加清晰，其中以弗所書二章 11 至 22 節尤為詳盡，那裏保羅將外邦人之前的生活方式，跟普世教會現今的價值觀作出鮮明對照。這個較後期的保羅傳統，展示出教會這個全新的教會集會（new church assembly）如何有別於羅馬的政治身體。這個集會雖然由人組成，但其身分認同的特別之處，卻不在於地上的公民身分，而在於連於基督的新生命。而這個全新的集會的目的，與別的集會不同，旨在尊崇那超然於羅馬人對凱撒的忠誠的人神之約。這一切，雖然只在地方性的教會中表彰出來，但這個全新的教會身體（church body）卻緊密相連，遍及整個羅馬世界。

2.4.「公民」

2.4.1. 羅馬公民

身分政治（identity politics）的問題其實非常切身。「公民身分」（citizenship）這個隱喻，出現在「監獄書信」（腓三 20；弗二 12），這一組書信傳統上被視為出自保羅手筆（有關監獄書信作者問題，另參本書段落 4.1；不過這個隱喻在保羅其他沒有作者身分爭議的書信中，亦同樣重要）。下文我們將探討希羅背景底下的公民觀。

2.4.1.1. 取得公民身分的途徑

在羅馬世界，人可以藉由兩種途徑取得羅馬公民身分。第一，只要人隸屬於一個忠於羅馬（尤其於戰事之中）的城，就能夠得到這身分。到了羅馬共和國末期，開始出現廣授羅馬公民身分的現象，因為凱撒致力在地中海世界進行殖民，需要更多忠於羅馬的人。生活在不同地區者，本擁有自身的公民身分，例如某一行省的自由人口（當然不包括奴隸）；但隨著整個地區獲授予羅馬公民身分，這些人便同時獲得了羅馬公民的身分。

第二個獲取公民身分的途徑是為羅馬服務，有些人在軍中服役了二十五年，藉此獲得公民身分。不過有時候這也是可以用錢買的，這可見於使徒行傳二十二章 28 節的記載：「千夫長說：『我用許多銀子才入了羅馬的民籍。』保羅說：『我生來就是。』」公民身分是羅馬殖民鴻圖大計的副產品。因為只有羅馬公民才能夠成為軍人，而當時羅馬軍隊急需更多人手，那麼最好的辦法就是將羅馬公民身分廣授予服務優異的非羅馬公民。許多地方上的精英也得到了公民身分，因為羅馬人想借助他們之力，施行管治。

根據使徒行傳二十二章 27 節，保羅本身也知悉公民身分的重要性。保羅在使徒行傳中聲稱自己生來就是羅馬公民，而他很可能是藉著第一種途徑取得公民身分的。布魯斯（F. F. Bruce）

認為，或許作為織帳棚家族一員，保羅的先祖替羅馬軍隊織帳棚。[7] 布魯斯可能是正確的，因為大數曾經為奧古斯都服務，也一直與羅馬的帝國主義保持密切關係。保羅可能擁有某種公民證，在公民身分對他有利時，會以此來證明身分。保羅似乎對這種特殊待遇頗感得意，而傳福音時這身分亦確實給他帶來了不少方便。羅馬公民身分可能是他先祖輩留給他的重要遺產。

從這些資料我們可以得出以下小結：第一，公民身分的價值，在於所屬國家的權勢。第二，擁有公民身分是一種榮譽（無論是從祖先繼承的，還是藉由政治聯繫而得的）。

2.4.1.2. 公民身分帶來的好處

那麼，公民身分又會給人帶來甚麼實際好處？首先，身為羅馬公民，人得以涉足非公民不能進入的領域。除了政治權力（表現於一些有限度的投票權），公民可以擁有產業，且能簽定合同。這一點極其重要，因為一旦有權簽定這類合同，就能夠擁有土地，而地主在社會中是極具影響力的一羣，其勢力足以左右社會發展。此外，擁有完全公民權的羅馬公民（full Roman citizen），可以合法地與另一羅馬公民結婚。這一權利亦確保了所有產業可以通過婚姻紐帶得以保存，留在有權力的羅馬公民手中。而擁有公民身分者，譬如保羅，亦能免於無理的司法系統凌虐（徒二十二 23～29），且獲准將案件上告於適當的權力方如凱撒（徒二十五 6～12）。總而言之，成為羅馬公民，向凱撒表忠，有莫大好處。

簡單勾勒過羅馬公民身分及其好處，下面將簡述一下羅馬公民的生活方式。身為羅馬公民究竟是怎樣的一種體驗？

2.4.1.3. 羅馬公民的生活方式

我們先來看看羅馬公民的公共生活面向。大多數時候，按一般標準，羅馬公民的公共生活也不怎麼特別，只是猶太人和基督追隨者對他們的一些禮俗，可能會感到有點格格不入。

公民的公眾參與（public participation）是羅馬政治體系的一部分。早於共和國時期，羅馬人便建立了一種投票制度，將投票人口分成一百人一組。但隨著共和國變成帝國，領土擴張，難以再切實執行這類投票制度。正因帝國幅員如此廣大，奧古斯都順勢將更多權力收在手中，令大量元老院議員成為凱撒的支持者。這樣，所謂公眾參與便只能局限在地方官員的選舉，不但如此，羅馬更可以直接委任（而非透過選舉）擁有實權的執政官員，施行管治。因此，地方政府的福祉便取決於當地公民有否一直向凱撒表忠。於是，公眾集會時，總要在不同程度上對凱撒奉承一番，感恩戴德。公共活動如體育活動，會在某些特定時刻舉行表彰凱撒的儀式。這是尋常公民日常公共生活的重要一環。再加上隨處可見的藝術品，無論是凱撒的雕像還是其他浮雕，均在歌頌皇帝的偉大，由此羅馬公民普遍都沉浸在一種「愛國」的公共生活中。不遵此俗，實在說不過去。

私人領域方面，則包括了膜拜凱撒和家戶神明。我們在古代羅馬人的房屋中發現了不同形式的壁龕，很可能作為安放小神像之用。換句話說，家人會一起膜拜神明，並舉行某些宗教儀式。好吧，認真思考和理性的人可能不會真的視凱撒為神明，這只不過是文化禮俗的一部分，是公共生活的自然延伸，延伸到私人領域。不過，我們也要留意，對當時的羅馬公民而言，所謂「私人」其實不若今天我們所說的那麼私人。人雖擁有房子，但吃飯起居的地方也算是公眾地方，惟一真正私人的地方，就只有睡覺的地方。當房子主人在吃飯起居的地方，跟客人洽談生意，上述的建築特點——不同形式的壁龕，便發揮作用，公開展示出對眾神明和凱撒的尊崇。換句話說，對許多羅馬公民來說，房子兼具了辦公的功能。愛國精神得到闡揚，對生意大有好處。公共生活和私人生活的無縫連接，便向未遵此規範者給出了一道難題：「這些人為何不尊重神明，不尊重凱撒？」這正是猶太人和基督追隨者的挑戰。

2.4.2. 繼承權

2.4.2.1. 兒子的名分

如前所述，「公民身分」的主題是腓立比書三章 20 節和以弗所書二章 12 節的重點：

> 我們卻是天上的國民，並且等候救主，就是主耶穌基督從天上降臨。（腓三 20）

> 那時，你們與基督無關，在以色列國民以外，在所應許的諸約上是局外人，並且活在世上沒有指望，沒有上帝。（弗二 12）

上帝「國民」的身分（公民身分）這個隱喻，很可能源自耶穌有關國度的教導。而更重要的是，它跟前文所提及的保羅「政治身體」隱喻吻合。基督的身體等同於上帝的國度。這裏我們再從保羅自己的公民身分敍事出發。

前文提過保羅可能從其家族繼承了羅馬公民的身分，換言之，公民身分的主要概念是源於「兒子的身分」（sonship）。「兒子的身分」是兩封沒有作者身分爭議的保羅書信（加拉太書和羅馬書）的主要特點。這個身分，與源於羅馬殖民主義、叫戰俘為奴的奴隸制度，形成了鮮明對比。信徒因信基督耶穌、並加上聖靈的印證，得著上帝兒女的名分（加三 26；參羅八 15～17）。但他們並非上帝的那個獨一兒子（耶穌基督），而是透過耶穌基督兒子的身分，和祂忠心的服事，得以稱為上帝的兒女，成為嗣子（adopted sons）。根據羅馬法例，兒子的身分具有法律地位，擁有很多權益，例如繼承權和公民身分。加拉太書三章 28 節這段廣為人知的經文，是兒子身分最清楚的政治表述：

> 所以，你們因信基督耶穌都是上帝的兒子……並不分猶太人、希臘人，自主的、為奴的，或男或女，因為你們在基督耶穌裏都成為一了。（加三 26～28）

這段經文常被人拿來討論現代人關注的平等問題，不過當中包含的法律和政治面向，是我們更需注意的。保羅說猶太人或希臘人、為奴的或自主的、或男或女都沒有分別。保羅這裏說的，都可指向法律上的權利和地位。猶太人和希臘人明顯屬於不同族羣，在羅馬制度下各有不同的規例要遵守。在羅馬人治下，猶太人被賦予自治權，在很多地方自治區獲准執行自己的法律，尤其在說希臘語的東部地區，可見羅馬殖民主義可以容納不同的文化。而男性擁有繼承權，女性卻沒有；自主的人擁有自由，但奴隸卻不；諸如此類。這都是羅馬帝國下的法律現實；然而，在基督裏，這一法律現實給超越了，而又不必然抵觸羅馬的制度。

假如我們從保羅的背景來考量這個隱喻，會看到上帝國民的身分來自信徒的兒子名分，而兒子的名分則來自收養（adoption）——嗣子的身分。不過，「收養」如何在羅馬法律下運作？筆者在已出版的博士論文 *From Slaves to Sons* 提過，被收養、從為奴到被釋放，涉及一定的法律程序，讓被收養者享有收養人所有的公民權。[8] 當然，被收養者必須宣誓，表明對這個新「家戶」（household）絕對忠心，並表明他會忠於這個全新的公民身分。被收養者要放棄舊有的宗教信仰，也會得到新的名字，以顯明與新家戶的全新聯繫。

當我們在上述的整體公民身分敘事底下研讀這些隱喻，會看到保羅向我們展示出身為信徒的張力。我們效忠的對象肯定是天父上帝，藉著祂的兒子我們被稱為上帝的兒女，成為嗣子，得到上帝國民的全新身分。可是，效忠上帝國的同時，基督的追隨者還是活在現實的世界當中，一個強調猶太人與希臘人、男與女、自主的與為奴的是截然不同的世界。然而，信仰羣體要盡最大努力，力排眾議，不追隨這些世俗的標準。張力可能不會在今生消弭，但我們要常常將上帝國及其價值觀放在首位。

2.4.2.2. 亞伯拉罕的後裔

另一個值得我們留意有關公民身分和身分政治的觀念，出現在保羅書信有關「亞伯拉罕的後裔」的記載中(加四章；羅四章)，而這亦延續繼承權和公民權的主題。當然，實際上基督徒多數把我們與亞伯拉罕的關係，解讀為信主後某種屬靈上的聯繫，不過我們亦應該按照猶太人的「政治語言」來理解保羅的意思。

當我們解讀這些跟亞伯拉罕相關的語言（Abrahamic language)，必須從後被擄時期的殖民主義(post-exile colonialism)的視角來理解。「亞伯拉罕的兒子」(son of Abraham)這稱謂，是猶太人後被擄時期惟一找到身分認同的方法，因為羅馬人有著一套截然不同的敘事和身分，要所有臣民遵從。但按保羅所傳的福音，外邦人不僅成了亞伯拉罕的後裔(加三 29)，也是自主之婦人撒拉的兒女，是上帝應許所生的(加四 28)。而這些應許之子也是從那「在上的耶路撒冷」而生的(加四 26)，他們的義，來自上帝在耶穌基督裏信實的作為(羅四 24～25)。這些語言所指涉的，是信徒的地位和身分認同。

上述的這些話是保羅為外邦人而寫的，他實質是說，外邦人已經加入以色列人的行列，成為上帝的兒女，而所有屬祂的人將得到繼承權。這個定義似乎有點奇怪，好像否定了那些肉身上亞伯拉罕的後裔的地位。事實上，保羅並沒有否定他自己的猶太人身分，這可見於腓立比書三章5節他對這身分「誇口」。那麼，這一切又是甚麼意思？加拉太書顯示，教會遇上了一些與保羅相競爭的「教師」，他們要在加拉太人的羅馬殖民標籤上，添上另一身分，使之成為猶太教的圈內人。這講法是吸引的，因為這新的身分會受到羅馬法例保障。保羅卻糾正他們，告訴加拉太信徒，他們根本不需要成為那些相競爭的教師的一分子，他們本身已經歸入保羅所理解、所描繪的猶太信仰的傘下。羅馬人容讓被擄的猶太人保有自己的身分認同，乃為了達到其殖民化的實際目的。羅馬人留下的這片空間，卻讓保羅得以建立一個新羣體——他們雖然繼續在羅馬治下，其身分認同卻超然於羅馬的異教敘事。

保羅的政治明顯以上帝給以色列人的教導為先，過於羅馬的敘事。那麼，保羅為甚麼不倡議一場更為奮鋭的改革，推翻整個羅馬的敘事？這條問題並沒有肯定的答案。不過可以肯定的是，保羅在著作中是刻意借用羅馬敘事的意象，卻又不會因而危及自己宣教工作的。

2.5.「主」

2.5.1.「主」均指向 "YHWH"？

我們常見到以下的教導：保羅使用「主」（lord）一詞，乃受到《七十士譯本》的影響。由於《七十士譯本》以「主」一語代替耶和華的名字 "YHWH"，因此保羅稱耶穌為「主」，就是在表明耶穌就是 "YHWH"。不過，有沒有其他更多可能？真相會否比這種講法複雜得多？這裏，筆者參考博士班同學范田博士（Dr. Joseph Fantin）的研究，指出《七十士譯本》有很多例子是不以「主」這稱號來代替 "YHWH" 的。[9]

第一，在《七十士譯本》裏，「主」的確常常用以描述上帝。不過，問題是《七十士譯本》的譯者是否刻意將 "YHWH" 都譯作「主」? 對此，正反的證據都是存在的。第二，有些可追溯到公元前二至一世紀、由猶太人抄寫的最早期的《七十士譯本》殘篇，不是用希臘文「主」字，而是以希伯來文字母來代表 "YHWH"。這類抄本不多，因此也沒有定論。此外，在教父時期，有早期的基督教證據顯示，有用希臘文音譯出上帝的名字 "YHWH"。據我們所見，可以肯定的是，後期基督徒開始抄寫《七十士譯本》時，會以「主」代替 "YHWH"。不過，那是保羅時代之後的事了。

上述的推論包含幾方面意涵：我們可以說，就上帝的名字 "YHWH" 的處理方法而言，猶太的基督追隨者與他們同代的其他猶太人無異，而保羅作為早期的猶太基督追隨者當然並無二致。因此，若果將上帝的名字 "YHWH" 讀進保羅書信所有出現「主」的地方，也許並不準確。這不是要完全否定「主」有可能指

向 “YHWH”，但經衡量歷史證據，可能性實在減低了不少。我們説舊約聖經裏的「主」有時候指向上帝，是有別於説「主」是 “YHWH” 這一專名的同義詞的。因此，認為保羅每次用「主」來形容耶穌，就意謂著他以耶穌為 “YHWH”，這説法並不正確。這並非意味著保羅貶低了耶穌的神聖地位，只是指出「主」一語不一定關乎其神性（divinity）。「主」這一身分（lordship），其實主要可能不是關乎其「神性」，而更多關乎其身分的超然性（superiority）。兩者的差別雖然細微，卻能開啟更多的可能性，幫助我們以別的方式解讀保羅筆下的「主」。

希臘文「主」（*kurios*）一語，除了可直接用以翻譯希伯來文「主」（*adonai*）一詞，「主」也可以指皇帝、社會地位超然者，甚或其他神明。假若這些面向均深藏於保羅的社會文化肌理之中，那麼我們今天普遍對保羅書信的理解又是否夠全面呢？

2.5.2. 耶穌是萬有的主

在保羅書信裏，「主」是耶穌最常出現的稱號。「主」一詞本身意謂某人是另一人的「主人」而言。譬如「主」可以是奴隸的主人。或者再基本一點，如上文曾提及的，「主」標誌著身分的超然性（有時候也標誌著一定程度的擁有權），而在很多情況下，那是論到主人與奴隸的關係。此外，擁有產業的人，也被稱為

「主」，新約聖經充滿這樣的例子（例如：太二十8，二十一40；路二十13等），就是到了今天，我們也會稱物業擁有者為「業主」（landlord）。有時人們也會說「凱撒是主」（Caesar is lord），以示效忠之心。

那麼，宣稱凱撒是主到底意味著甚麼？如前所述，「主」一語隱含了身分的超然性這觀念，故此當某人宣稱凱撒是主，意指凱撒統治著羅馬和四境的殖民地區。凱撒統治的地區有多大？這個帝國幅員廣大，由亞洲部分地區、西歐大部分土地（遠至現今德國和西班牙），延伸至非洲部分地區。統治著這樣龐大的帝國，意味凱撒身分的超然性。雖然前文亦討論過，因著政治上微妙的權力制衡，凱撒的權力有時不一定如想像般大，但總的來說，他擁著別人難以匹敵的權力。

從這角度來看，保羅在宣講中稱耶穌為主，事實上可能是在宣告一切都屬乎耶穌。這樣，福音就直接冒犯了皇帝的「治權」（*imperium*），冒犯了皇帝才擁有的尊榮了（參本書第一章）。羅馬人必須尊榮皇帝的「治權」，但保羅卻把它顛覆了。而且，保羅並非旨在純粹談論相信耶穌是主這「事實」，而是倡議人活出與此信息相稱的生活。這個強烈的信息，亦並非僅僅說耶穌是其他甚麼的「主」，而是大聲疾呼道：「你知道嗎？凱撒並不是主！耶穌才是！」試想想，向著其時代偉大的帝國領袖喊話是怎樣的一回事。

2.5.3. 勝過凱撒

無論是保羅的時代，抑或是我們的時代，稱耶穌為「主」，都是極大的挑戰。凱撒在多方面都可說是最大的恩庇主（patron），人人都要向其下拜，以換取政治利益。雖然很多人對克勞第或尼祿諸多不滿，不情不願地向他們俯首稱臣，可還得裝出一副順服的樣子，只因為全地都屬乎凱撒。

保羅書信卻深刻地勾勒出另一種萬有之主的觀念。在歌羅西書一章 15 至 16 節，我們見到保羅（或他所服事的羣體）的一首尊崇耶穌是創造主的詩歌：[10]

> 15 愛子是那不能看見之上帝的像，是首生的，在一切被造的以先。16 因為萬有都是靠他造的，無論是天上的，地上的；能看見的，不能看見的；或是有位的，主治的，執政的，掌權的；一概都是藉著他造的，又是為他造的。（西一 15～16）

耶穌是那位不能看見之上帝的像。祂創造世界，世界也屬乎祂。只要仔細想想，不難發現這個信念隱含著基督和凱撒之間的較勁：土地的主權誰屬？誰擁有土地？整個帝國都屬乎凱撒，這見諸於他在其足迹未及之處，已豎立起自己的雕像，以顯示其「無所不在」。不過，保羅的詩歌卻明言，耶穌才是那位不能看見之上帝的像，是猶太人和基督追隨者所敬拜的獨一真神。假如耶穌是上帝的像，那麼祂就不僅代表著祂本身是「主」，也代表著上帝是這個世界的創造者和君王。

按照保羅的世界觀，福音宣告基督擁有一切，便同時意味著凱撒並不擁有一切。透過祂的同在（若借用約翰的用語，那就是「道成肉身」），耶穌向世界展示出上帝至高的王權（supreme kingship），勝過一切君王，包括凱撒。基督的追隨者信靠耶穌，敬拜耶穌，不膜拜凱撒，由此宣告、並在生活各層面活出這個迥異於主流文化的信念。因此，敬拜君王耶穌本身不僅僅是一種宗教行為，更是一種顛覆世界各等意識形態的行動。事實上，無論凱撒的權力有多大，他亦不過是凡人，終有一死，終必朽壞。保羅書信卻表明基督是萬有之主，且祂已經復活，勝過了死亡，是地上必朽壞君王所無法比擬的！

2.5.4. 勝過眾主

上文討論過耶穌「主」的身分勝過凱撒，本段則將耶穌跟凱撒治下的一眾掌權者，作一對比。事實上，凱撒不可能靠自己就能管治所征服的大片地土，他需要依靠各行省的官員來執行命令，並倚仗向富裕的地主徵稅來大興土木。擁有龐大資產者，與凱撒的利益關係是千絲萬縷的。

羅馬人會任用很多當地的富裕官員來進行管治。舉例來說，他們在亞細亞省就有稱為亞細亞首長（Asiarchs）的官員，使徒行傳十九章 31 節記載保羅也認識他們當中一部分人（編按：《和合本》作「亞細亞幾位首領」）。在宗教領域上，羅馬人很多時都沒有專事的祭司，往往由地方官員擔任當地的祭司職分。這樣，凱撒完全掌控了宗教和政治。從很多案例所見，有些城市向凱撒投誠（例如腓立比），以換取利益。而人民亦以他們的忠心來換取皇帝給予的好處。這樣，大大小小的官員便在地方上代表著皇帝，從某些方面看，他們就儼如地方的小皇帝。權力分配確是一門大生意。掌權者通過各種方式將權力轉移，交到權力較小者手中，藉此對無權者施加管治。

如果我們明白羅馬政治制度的運作方式，當我們讀到保羅稱耶穌為主，意味著他認為耶穌不但勝過凱撒，也勝過凱撒治下的小王和眾主。不過，僅僅視基督為終極強化版的凱撒和小王眾主，並不正確。我們必須留心「恩典」這觀念（例如：加一 6；弗二 5～8），那是與耶穌「主」這一身分並福音緊緊地扣在一起的。[11] 我們看到，保羅即使在問安之時，亦常以恩典開始(例如：加一 3；羅一 7 等），而這種恩典並非建基於利益交易，就如凱撒跟他的代理人那樣。事實上，保羅使用「恩典」一詞的方式在當時並不常見。在時人心中，好處不會是白白施予的；一切都講究條件，一切都附帶責任（obligations）。基督徒身處這龐大的利益網絡，選擇臣服基督的主權，還是向世界的凱撒及其代理人效忠？向地上的主人負責，還是一心向賜恩他們的恩主交帳？

2.5.5. 勝過皇帝膜拜

在保羅時代，宗教和政治是最佳拍檔。並非所有宗教都與皇帝有關，但皇帝在當時的公民宗教（civil religion），即皇帝膜拜（emperor worship）一事上，影響力十分巨大。到保羅執筆之時，至少有奧古斯都被尊稱為「神聖奧古斯都」（divine Augustus），而錢幣上亦會稱呼在世皇帝為「神聖的某某（已卒之皇帝）」之子（意即在世的皇帝是神的兒子），以賦予皇帝某種與神明有關的尊榮。通過這樣的稱號，皇帝變成了「半神半人」的存在。雖然人民一般不會真的認為奧古斯都是諸神的一員，但他們還是會掛在嘴邊，假獻殷勤，並且於政治領袖過世良久後，依然敬奉膜拜。為甚麼要假獻殷勤？因為若要取得成功，為人所接納，這是政治正確的做法。

帝國宗教包括向諸神獻祭，以及膜拜已過世的皇帝。這出現在所有體育活動中，人民到處都能看到其蹤影。帝國的奠基者當然備受尊崇，受民眾愛戴，如前文所言，人們會在家裏築起膜拜君王和家戶神明的壁龕，在用餐時加以禮拜。惟一得到豁免的是猶太人，而基督的追隨者也待在猶太教的蔭下。不遵守社會規範，不膜拜皇帝，肯定會遇上麻煩，不然就不會出現哥林多前書八章 1 至 13 節和十章 14 節至十一章 1 節所提及的難題了（論祭過偶像的食物）。換言之，福音宣告耶穌是主，顛覆了羅馬價值觀中很重要的一環——敬奉和膜拜皇帝。

2.5.6. 主的掌權與奴隸社會

前文提及「主」可意指擁有某些東西的人，而保羅時代的「奴隸制度」便最能充分說明這方面的含義。現代人當然無法容忍奴隸制度，但這卻是保羅世界每天的社會現實。

從奴隸制度看凱撒是「主」，可以看到兩點關連：第一，人稱凱撒為主，標誌著人都要順從他。雖然現實並不盡然，但「凱撒是主」的宣稱，無論如何足以傳達出順服的要求。第二，恢復自由的人，即自由民（freedmen），可以為凱撒工作，以獲取更大的權力。馬可．安東尼（Mark Antony）女兒的一個自由民柏拉斯（Pallas），在克勞第治下獲得極大的權力，甚至成為帝國最富有的人之一。他的權力甚至威脅到尼祿，這最終亦成了他的催命符。另一個與尼祿有關、甚至可能是尼祿使之恢復自由的自由民法翁（Phaon），與皇帝的關係十分密切，他甚至試圖幫助尼祿自殺。從上述例子可見，基本上所有自由民都通過主人的關係，獲取政經權力。一切順服，全關乎利益。

從「主人—奴隸」的關係看「主」這一隱喻，也可以看出多重的意涵：第一，「主」這種身分，在保羅的文化裏根深柢固，無人不懂；第二，向「主」投誠，是有隨之而來的回報的。服事地上的主人會得到世間的好處，甚至政經利益；服事基督則可能會換來逼迫。這正是「奴隸—主人—凱撒」這隱喻（slave-master-Caesar metaphor）的福音意涵所在。惟此，我們才能讀懂保羅在加拉太書一章10節的辯辭：「我……若仍舊討人的喜歡，我就不是基督的僕人了。」

「主人—奴隸」這一觀念，一方面，基本上表明了順服主人是必須的，是沒得選的；然而，另一方面，保羅卻似乎表明這選擇是存在的。為甚麼？按羅馬政治制度，皇帝擁有治權（*imperium*），人必須順服；與此同時，皇帝亦必須贏取威望（*auctoritas*），意即人可以選擇是站在皇帝一方，還是跟他作對（在一些案例，後者甚至可以威脅到皇帝的性命）。假如贏取權威是如此重要，那麼人就要問，「主」贏到了當受的尊榮，贏得了支持嗎？對保羅而言，耶穌已經復活，向他啟示祂自己（加一15及以下），彰顯大能，其權柄毋庸置疑；但那些一心只服事地上主人以圖好處者，願意信靠那位復活的主嗎？「耶穌是主」這一宣告切中了問題的核心：我們究竟在信靠誰？

2.5.7. 勝過異教諸神

對保羅來説，耶穌所以是主，是因祂已經從死裏復活（加一1；羅一4等），而羅馬書一章4節在復活以外，更加上了他甚少用上的稱號「上帝的兒子」（羅一4），復活和上帝兒子這個特別的組合，正好同時對照著異教信仰和羅馬皇帝。

復活的觀念並非基督教所獨有，也見於不同宗教，包括傳統宗教和神祕宗教。舉例來説，在膜拜酒神戴歐尼修斯的傳統裏，相傳戴歐尼修斯這位宙斯（即是希臘諸神之首）之子被殺後，給縫在宙斯大腿裏重生。神話把他比作公牛（一種代表生育能力的動物），讓重生（rebirth）與生育能力（fertility）緊扣，而來自這個宗教的放蕩生活模式，深受羅馬貴族歡迎。而歌頌大地母親的神祕宗教，記載阿提斯（Attis）以閹割的方式自殺。他母親西芭莉（Cybele）沒有與男人交合就生下他，之後又不斷嚇唬他，致使他最終自殺。西芭莉十分哀痛，一直為他哀悼，直到他在春天復活為止。此外，按敬拜農務女神狄蜜特（Demeter）的宗教相傳，狄蜜特的女兒普西芬妮（Persephone）也在死後復活，隨著四季周而復始地復活和死亡，在寒冷的日子下到陰間。這類或其他相似的復活神話皆有一個共通點，就是復活與生育能力有關，以及與農務周期有關。這有別於基督教將復活與救恩關聯起來。

事實上，保羅對耶穌復活的描述，在多方面都是別具一格的。第一，保羅視復活為上帝救恩歷史的一部分。復活本身證明了耶穌是義人，也就是相信義人復活的猶太傳統中的義人，而這亦否定了羅馬帝國（即彼拉多）對耶穌的指控。第二，保羅視復活為耶穌是彌賽亞的證據之一。復活這個歷史事實，跟充滿神祕色彩的希羅神話大相逕庭。這些羅馬人的故事並沒有任何明確的歷史記載可茲證明，歷史的耶穌卻有著不同來源的眾多證據支持。熟悉這些故事的保羅下結論說，耶穌就是那位至高的主。第三，保羅似乎見過復活主以某種形式出現（徒九章；加一 11 ～ 12；林前十五 8 等）。對保羅而言，他往大馬士革路上所經歷到的，是異常真實的事情。這有何重要？——我們必須追溯至猶太的一神宗教，即由創造主上帝創造一切的信仰，而耶穌有分於這創造奇工。這絕對不同於希羅宗教的範式，後者指出眾神出現之先，受造界已經存在。從創造和復活來看，保羅堅信耶穌超過異教諸神。

對比主耶穌和異教諸神，現代信徒可能亟欲告訴別人，我們的上帝比他們的異教神明偉大得多。可保羅沒有這樣做。他聚焦於復活的歷史事實，而不是對其他宗教的攻擊。基督徒也應該效法保羅，活出美好的生命，表彰出復活的重要性，因為歷史事實正是耶穌為甚麼被稱為「主」的關鍵核心。

2.6.「和平／平安」

2.6.1. 和平祭壇的浮雕

2.6.1.1. 檐部的浮雕：宗教帶來和平？

教會崇拜時，我們有時會彼此問安說：「主賜平安！」按現代人的信仰經驗，這種「平安」多是指向心理和宗教方面的；不過，古時的人卻不一定這樣看。為免我們出現「時代錯置」而將現代建構讀進經文，我們需要從文本背後的羅馬處境出發，探討平安（peace）的意思（編按：下文將按文理需要，交替將 peace 譯作「平安」、「和平」、「太平」、「和平／平安」等）。幾年前我到過羅馬的「和平祭壇博物館」，有名的「奧古斯都和平祭壇」（*Ara Pacis Augustae*, Altar of Augustus Peace）就在那裏，而這個古迹正正通過視覺的方式，如實地刻劃出甚麼是「羅馬承平」、羅馬的平安。可惜的是，按筆者所見，聖經研究學者按羅馬的處境來闡釋「和平／平安」一詞之時，還未有太多人著力分析這個重要的歷史遺迹。

我們第一處要看的，是遺迹當中祭壇兩旁的**檐部**（entablature）。這部分充滿了宗教意味：檐部的浮雕記錄了獻祭行列的一幕，多名赤裸上身的男子把祭牲帶來，獻上為祭，並由多個穿上禮服的祭司帶領著。他們手裏拿著棒和刀，似乎要屠宰祭牲。祭牲包括

奧古斯都和平祭壇
Cortyn/Shutterstock.com

牛犢、公牛和公羊。其他參與者手拿著壺，很可能是要奠酒和血，作為儀式一部分。在四角也可以看到獅鷲獸（griffins；或作「獅身鷹首獸」、「格里芬」等）的裝飾，獅鷲獸是充滿力量的神獸，混合了獅和鷹的特點，是可怕的捕獵者。這些捕獵者也許成了守護神，因牠們經常出現在歷史遺迹的大門部分，而這個藝術元素標誌著羅馬帝國的強大勢力。

就像很多別的宗教那樣，羅馬人的宗教也有獻祭的制度。我們先看看羅馬人的諸神，會發現他們既古怪又喜怒無常。研讀羅馬作家維吉爾（Virgil）有關羅馬帝國的記述，會看到這些神明這一刻阻擋戰士埃涅阿斯（Aeneas），下一刻卻又幫助他。按羅馬人的宗教制度，人們認為必須好好安撫神明，止息他們的怒氣，而做法就是給神明獻祭。不過，他們的宗教並沒有任何真正的人神關係。獻祭這一幕成了和平祭壇浮雕的一部分，似乎在說明一點，就是他們已經給神明獻上了適當的祭物來取悅他們。結果，人民得到了「奧古斯都的和平」。這樣，宗教在這件藝術品中就發揮著一種修辭作用，而非純粹指涉到獻祭，而是將之連繫於和平。這樣，一種羅馬化的宗教（Romanized religion）便盡現眼前。

2.6.1.2. The Tellus Panel：特納斯浮雕——宗教與和平

我們再看看和平祭壇外圍**東牆**上的浮雕（參頁 69）。東牆上左面的一幅浮雕，刻有好些超自然人物。中間的一個，有人認為是和平女神帕克斯（Pax），她的衣著若隱若現，膝上抱著兩個嬰孩。從她這一身衣裝，有些人卻認為她不是帕克斯，而是維納斯（Venus）。不過，也不少學者認為中間一位該是羅馬的大地女神特納斯（Tellus）。這幅浮雕可能是整個祭壇最多人研究和討論的。不過，這裏最重要的並非確認她的身分，而是了解這幅浮雕所要傳遞的信息。

我們看到女神兩旁有兩個代表大自然的半裸女子，她們的衣服被風吹起，其中一人騎在鵝背上飛翔，另一人則騎在一條類似海蛇之類的生物背上。女神下面有兩頭牲畜，而女神膝上的兩個嬰孩則深情地望著女神，女神就像成了他們母親似的。有些人認為這兩個嬰孩是羅慕路斯（Romulus）和雷穆斯（Remus），即相傳羅馬的建立者；有些人則認為他們是奧古斯都的親人。總的來說，這幅浮雕表達出一種隨著和平而來的昌盛祥和，當中所隱含的和平政治意味，可說呼之欲出。

此外，我們更必須考量這個和平祭壇的建造時機：慶祝奧古斯都從西班牙凱旋歸來。這樣看來，這種和平，是藉著軍事方式而得的。牆上所有繁榮昌盛的象徵，都靠賴殖民的雄圖和政策而得。當然，這個「羅馬夢」也有它的道理。試問帝國若是干戈連年，土地上還會生出豐盛的產物麼？奧古斯都和平祭壇正告訴大家，他就是創造和平的那一位。他凱旋歸來，大地得享太平，而這必定是得到諸神的首肯和眷顧了，尤其是掌管和平的女神帕克斯。很多野心勃勃的政權都愛傳頌類似的敍事。而羅馬政權的政治敍事，靠賴與宗教捆綁在一起，以合理化其殖民野心；這樣的敍事亦使得人民以為惟有靠賴政府才可以過安穩的生活。

2.6.1.3. The Procession Panel：巡遊的浮雕——強制的和平

列隊巡遊（procession）是富有強烈政治意味的行動。和平祭壇外圍**北牆**上的浮雕，刻劃著奧古斯都一家的巡遊行列，從男到女，從長到幼。浮雕上一位元老院成員手拿著橄欖花環，象徵羅馬承平。與這一家同行的，還有代表著宗教，以及羅馬法律與秩序的祭司和政務官員。

這幅圖畫所顯示的和平，到底是怎樣的呢？首先，和平從繼承權而得。孩子們在浮雕中出現，不是因為他們夠可愛，而是要提醒所有看見浮雕的人：有人繼承皇位是如此重要。這些孩子代表著由奧古斯都所開創的尤利烏斯—克勞第皇朝的未來。只要孩子們一直安然無恙，羅馬承平的夢就可以延續下去，不然整個帝國會陷於動盪。放到較微觀的範圍看，其實這也反映了帝國的

東牆特納斯浮雕
Cortyn/Shutterstock.com

南牆的浮雕
fotosullenuvole/Shutterstock.com

普遍社會秩序，那就是精英階層害怕沒有合適的繼承人，以致產業落在別人手裏。放到帝國性的範式來看，若找不到合適的繼承人，皇朝或會從此消失（尼祿之後正是如此）。

此外，**南牆**也以類似的巡遊行列為主題（參左頁）。除了祭司、政務官員和孩童外，浮雕也包括女性，尤其是皇室女子。很明顯，她們的社會角色是生養和照顧皇室孩子。她們在這裏出現，展示出帝國進一步的和諧與和平。她們的姿勢和衣著成了女性的模範，展現著婦女在羅馬社會中該有的言行舉止。而孩子和母親表現得十分親暱。這幅圖畫是羅馬社會的縮影。在浮雕中有一個較年長的孩子，他抓著父親的袍子，意味著當孩子長大，預備擔起政治責任時，女性的角色便會漸漸減退。

若有任何象徵最能體現出這種羅馬秩序的根源的，必定是「侍從執法吏」（lictor）——拿著杖，隨侍在政務官員身旁的人，他們是負責執行刑罰的官員。羅馬所代表的法治和秩序，以及隨之而來的和平，都源於羅馬法律。違反法律的人要受到懲罰。和平則必須靠強制而得。

社會「安定」，有時候的確能幫助福音的傳播。以新約聖經的宣教工作為例，門徒便利用了羅馬時期的道路系統和相對的太平來廣傳福音。可是，假若安定只透過武裝力量的強行打壓而得（像羅馬那樣），手握大權的政治領袖或者軍事強人便能凌駕法例。這正是強制得來的和平的問題所在。有權力的人總在維持他們所定義的和平，而法治和秩序的代價，卻放到了受欺壓者肩上。這不僅僅是羅馬的歷史、古代的歷史，可能也是現代甚至當代的景況。

2.6.1.4. The Aeneas Panel：埃涅阿斯浮雕——霸權下的和平

來到**西牆**，這裏標誌著羅馬承平的浮雕包括了埃涅阿斯這個羅馬家喻戶曉的人物。在這幅浮雕上，埃涅阿斯準備獻一頭豬給神明，而身旁有兩個伙伴幫手。浮雕將奥古斯都與埃涅阿斯關連起來，實在意味深長。那麼，埃涅阿斯是誰？

埃涅阿斯是古羅馬詩人維吉爾筆下一位羅馬神話英雄，是特洛伊人；在荷馬（Homer）筆下的特洛伊之戰（Trojan War）中也有提及。而相傳他也是羅慕路斯和雷穆斯兩兄弟的祖先。奥古斯都和他的支持者當然希望與這個英雄家族連上關係。維吉爾記敍了埃涅阿斯的漫長歷險故事，描寫埃涅阿斯如何在特洛伊之戰後尋覓新家園。在維吉爾筆下，埃涅阿斯的歷險故事產生了長遠的政治影響，例如他與迦太基（Carthage）女王狄多（Dido）的戀情未能開花結果，導致迦太基與羅馬長久的歷史裂痕。故事最終以他勝過所有仇敵作結。

這幅浮雕意味著甚麼？維吉爾是奥古斯都時代首屈一指的

詩人，他執筆撰寫埃涅阿斯的故事，相當於今天的知名作家撰寫一本《紐約時報》(*The New York Times*) 的暢銷書那樣。結果這個故事大受歡迎，因為它是一個愛國的故事，支持奧古斯都的政權。這是維吉爾最後的一部作品，也可能是他暗中表揚奧古斯都的最佳作品。這個故事出現在和平祭壇牆上，其受歡迎程度可見一斑。透過刻劃埃涅阿斯的故事，創作者在宣揚奧古斯都的偉大成就，即他消滅仇敵，為羅馬帶來和平。雖然遇到個人和環境上的挫折，埃涅阿斯還是凱旋而歸，完成了他的終極使命。這正是奧古斯都及其支持者的想法。

整體而言，從和平祭壇古迹的浮雕，可以得出一個結論，就是羅馬承平是有代價的：無數人要替羅馬征戰沙場，犧牲性命。這種和平對有權有勢者大有好處，因能護衛他們的權力。這種平安是很具體的，並非建基於內心的感覺，也不是純粹建基於關係，而是建基於秩序和層級制度。更重要的是，它是建基於羅馬霸權的意識形態。這就是保羅生活的世界。

2.6.2. 希伯來文的字義研究

2.6.2.1 作為希伯來文動詞的和平／平安

在保羅建構他福音的猶太世界中，和平／平安又是怎樣的一個觀念？當保羅在其書信寫下「恩惠與平安」之時，他的受眾所確知的又是怎樣的信息？保羅所說的和平／平安，其實可以視為一個與「羅馬承平」相對照並區別開來的觀念（contradistinction）。但保羅不一定是在直接攻擊羅馬承平（即由軍事力量支撐的法例、秩序所帶來的和平），卻肯定是在展示一種另類的和平／平安。那麼，在希伯來文中，和平／平安是甚麼意思？我們可以參考權威的希伯來文辭典（*The Brown-Driver-Briggs Hebrew and English Lexicon*），其分析和資料可以讓我們對此有一點掌握。而當中一個大家甚少提到的概念，則是完全／完滿（completeness），這可從和平／平安一詞的動詞形態中得見。以下我們便先看看和平／平安一詞的動詞形態。

參列王紀上七章51節和九章25節，那裏形容聖殿工程「完成」（being completed），原文正是用上了動詞形態的和平／平安。我們也許會問：一座建築物怎會有和平／平安？我們會問這問題，正好顯示出人們傾向將和平／平安化約為一種感覺。不！和平／平安不是一種感覺！列王紀上這段經文論及的和平／平安，關乎完成所羅門所定意去做的事，就是建造一座人神交往的殿。他的目標最終達成，一切皆盡善盡美（perfection），乃按著所羅門所定規所追求的來完成（completion）。因此，這裏的和平／平安，更多是指到盡善盡美地達成原先設定的目標。而過程中，混亂和壓力不斷，至項目完成為止（completed）。

生活的確有時會被混亂和壓力打岔；承諾未能兌現，誓言沒有信守，很多過錯要彌補，這便讓我們看到和平／平安的動詞形態的另一層意義——在修補裂痕、償還所欠之中，猶太人恢復了和平／平安（參利二十四 18、21；王下四 7 等；《和合本》的「償」、「賠」、「還」等，原文正是和平／平安的動詞形態）。在這樣的情境中，締造和平（making peace）是恢復秩序、修補裂痕，而這可以給社會帶來和諧美好。

「締造和平」也有另一個面向：回報善行（不只補償別人）。撒母耳記上二十四章 19 節記載大衛饒了掃羅的命後，掃羅祝福大衛的一些話：「……願耶和華因你今日向我所行的，以善報你。」「報」原文正是和平／平安的動詞形態。這裏，耶和華將國度賜給大衛，明顯基於他作在掃羅身上的善行。不過，從消極面看，這種和平／平安也會用來形容公義的刑罰：撒母耳記下三章 39 節記載了上帝以公義的刑罰「報應」行惡的人：「願耶和華照著惡人所行的惡報應他。」故此，希伯來文動詞和平／平安，既是關係性的，也是司法性的。

希伯來文化中的和平／平安，不是由欺壓強制而得，也不是由犧牲他人換來，而是由公義公平的完美平衡所組成的。希伯來社會的精英階層，不應犧牲農民的利益，以換取和平／平安。這種平安與和諧，跟今天有權勢者告訴我們的，截然不同。弱勢者得不到公平對待的和諧，有時只是另一種變相的脅迫工具而已。

2.6.2.2. 作為希伯來文名詞的和平／平安

現在我們看看和平／平安的名詞用法，當中完全／完滿這一概念，更為貫徹（這裏我們再一次參考了前段提及的辭典）。

和平／平安作為名詞有一常見用法，是關乎一般簡短問安的。創世記四十三章 27 節記載約瑟向他兄弟詢問父親的事：「你們的父親——就是你們所説的那老人家平安嗎？他還在嗎？」這裏的問安不僅僅是「你好嗎？」之類的客套話，而是一種誠懇的問候，約瑟想知道父親的健康或生活狀況。換言之，這裏的問安，關乎生活一切是否如常，是否和諧美滿。

另一用法涉及人際關係。耶利米書二十章 10 節的「知己的朋友」（《呂譯》作「盟友」）是希伯來文的口語化表達，直譯是「和平／平安的人」（men of peace）。和平／平安標誌著人與人之間的和諧關係，是將人與人連結在一起的黏合劑。簡言之，一段健康的關係是完滿和諧的。除了人際關係，這詞也會用來描述人神的關係。按舊約聖經所載，透過上帝設立的禮祭，人可以維繫與上帝的美好關係。因此，這詞常常連上獻祭，決不教人意外。這樣的和平／平安，是建基於人神的立約關係（民二十五 12），而這關係建基於人全然遵行上帝透過摩西所設立的宗教體制。

從人神關係看，亦衍生出一些同源詞，有所謂「平安」之約以及「平安」祭。這一組詞彙，闡明了平安／和平的基礎——「約」。「約」在以色列人中間，帶來了上帝所賜的完滿或和諧。雖然我們可以視這範式為宗教性的，但上帝與祂子民之間的律法或聖約，乃表明了這些詞彙也存在著政治和社會含義。

因此，希伯來文化中的和平／平安，其意涵比作為一種感覺豐富得多，它標誌著整個以立約為基礎（covenantal foundation）的生活方式。它超越了宗教—政治的二分，同時兼容兩者。當保羅使用和平／平安一詞，那並不是一種廉價的和平／平安（cheap peace）。羅馬承平所打造的層級制，偏袒精英階層和帝國統治；希伯來人的「層級制」，則由那位向以色列人守約的上帝所設立，而這約建立起人與神、人與人之間的關係。惟有當人敬畏上帝，才能一起得享和平／平安。可惜的是，以色列人沒有謹守遵行，結果國家陷於一片混亂，以被擄告終。

2.6.3. 小結：和平／平安——以公義為本的關係

這裏讓我們作一小結，對比羅馬與希伯來（保羅思想的源頭）的和平／平安觀。羅馬的和平祭壇極具象徵意義。這個用來獻祭、紀念奧古斯都太平盛世的祭壇，充分表明了宗教、政治與和平的密切關係。希伯來人也有一個強大的獻祭系統，依循國家的法律施行，以得到上帝所賜的和平／平安。從和平祭壇的浮雕可見，羅馬人也有獻祭的宗教。然而，兩者其中一個重大分別，是羅馬人的宗教並非「與神明建立個人關係」的宗教，不像希伯來信仰。

此外，「繼承權」的概念對羅馬承平十分重要。由不稱職的人來繼承，甚至比沒有繼承人好；不然國家將陷入一片混亂，平民百姓亦難享和平／平安。保護家戶層級制的法例和秩序，也支撐著羅馬承平。希伯來人的和平／平安觀，卻不以繼承權或家戶層級制為焦點，反而聚焦於上帝律法所帶來的神治和公義（theocracy and justice）。上帝的掌權（God's reign）雖授予領袖管治的權力，但領袖要順服上帝，負起維持和平的重責。上帝的授權與人的責任之間的平衡，若拿捏得宜，和平／平安就得以成就。

羅馬承平也有其超越宗教禮儀的神話維度。埃涅阿斯的故事是和平祭壇的基礎，也是羅馬人殖民偉業的理據。希伯來人的和平／平安則建基於人神之約，而所依據的是出埃及的故事。

觀乎今天不少政權皆會用禮儀、承傳、法例、秩序和傳説等，為其背書，強化其合理性。但無論這種種政治敘事和修辭多美麗，或者背後支撐的軍事和政經力量有多強大，都可能與上帝的和平／平安相去甚遠。保羅所說的和平／平安，乃是在正確的關係裏尋找完滿的平衡和完全。這樣的和平／平安會顧及弱者的需要，限制強者的權力。敬畏上帝是這種立約的和平／平安（covenantal peace）之核心。與此同時，保羅所說的平安也有別於現代人所亟亟追求的心理上的平安。現代人所說的平安經常指涉一種內在的感覺，保羅的平安卻是關係性的、外在的，關注社羣的建立和健康的關係。我們可以這樣總結希伯來的和平／平安觀：以公義為本的關係（justice-based relationships）。

2.7.「執政、掌權、有能、主治」

在保羅書信中，執政的、掌權的、有能的、主治的，這幾個詞彙經常一起出現，屬同一類別觀念（a family of ideas），故這裏放在一起討論。在監獄書信中，這組詞彙於《和合本》一起出現的地方就有幾處（弗一 21，六 12；西一 16）；而「執政的」和「掌權的」一起出現的，也有三處（弗三 10；西二 10、15）。這組詞彙本身有一定的政治源頭或脈絡，常見於政治場景。而保羅使用這些詞彙時，要描繪的，則是上帝的權勢跟別的權勢彼此間角力的不同面向。下面將簡述這些詞彙各自的含義。

「執政」或「執政的」（“rule” or “ruler”）指的是「自上而下作領導」的領袖。這詞的動詞形式則意指「統治」（rule over someone）。這詞亦見於舊約聖經的希臘文譯文，用來描述權力地位（參創十三4，四十20等）；至於在其他希臘文文獻中，則用來描述真實政治領域中的權力地位。無怪乎徒使約翰在啟示錄一章5節，以此形容君尊的耶穌，即那位世上君王的「元首」(即「執政的」一詞)。不過，這詞也會用來形容會堂的領袖，或者大祭司、宗教領袖和社會領袖。這詞要帶出的不僅是權力這一觀念，更是掌握權力的人；故此它並不抽象，而是與人息息相關的。

接著我們看看「掌權的」（authorities）的意思。這詞本身的動詞形式，其意思跟「授權」有關。名詞「掌權的」要形容的仍是得到職分並「授權去完成某些任務的人」。換句話說，那是擁有權力的人。這就如民主政府的領袖，人民授權他們行使權力，好完成工作；威權政府的領袖，則可能因著家世出身而得以擁有權力，獲授權行使權力。

接下來是「有能的」（power）。這個詞比較抽象。保羅在羅馬書一章16節用以形容福音：「這福音本是上帝的大能」，甚至指涉上帝的能力。這詞的重點在於做事的能力。它本身不一定是政治性的，可以用在不同地方。我們既看到保羅把這詞與上帝的能力聯繫在一起，可另些時候這詞又聯繫到異教，或者指人的能力而言，或者用來描述不同力量之間的較勁。

最後一個詞彙是「主治的」（dominions），意思是指具備「主」的特質者（lordly）。這詞與希臘文「主」（lord）一詞有關。前文已討論過「主」一詞的用法，可用以描述所有地上的主人。這詞可用在凱撒身上，他是整個帝國的主。簡單而言，跟「全面掌控」(mastery)有關的一切，都可以用「主治的」來描述(具體何所指，則根據不同脈絡而定)。「主」的特質(lordliness)，很多時都與「擁有權」(ownership)有關。稱為「主」者，通常擁有某東西(如產業)或某人(如奴隸)。譬如稱凱撒是主，就意味著以他為皇帝的人，會認定他擁有帝國的一切，他可以按心意而行。

上面幾個詞彙放在一起，表明它們是指著真實的人，運用真實的權力，去決定社會的運行——無論是公正地運作還是不公正地運作。當然，公正是大家的理想和追求，只是當權力遇上人的敷衍塞責，實在太容易將一切扭曲，衍生種種不義。有時候，這種不公不義只發生在地方層面，但在某些獨特的環境或人意想不到的情況下，影響也會遍及全國。譬如帝國的糧食分配不公，就有可能引發動亂及其他問題。執政掌權者能否善用手上的權力，畢竟對社會大眾總是影響深遠的。

2.8.「家戶」

筆者這裏用「家戶」(household)一詞而非「家庭」(family)，主因前者涵蓋的層面更廣。英語 “family” 一語，來自於拉丁語

familia，可 *familia* 原意為「家戶」，其含義遠較現代之 "family"，特別核心家庭，要龐雜得多，當中可包含其他親友、奴隸、雇工、自由人等。事實上，「家戶」是羅馬社會人際關係構成的基礎。我們也要留心，羅馬人的「家戶」，也不限於現代人所理解的「住戶」(例如同住的親人之類)。我們亦不能單從「建築」的角度來理解羅馬人的家戶，即認為「家戶」指住在「同一屋簷下」的人。筆者認為這一點值得再三重申，因今天不少講道乃愛將相當現代的家庭觀，讀進新約所有關於家庭的教導當中。

「家戶」無疑源於婚姻。不過，我們要留心，羅馬人的「婚姻」，亦不同於現代人的婚姻。我們今天傾向視婚姻為兩個個體間的連結，但在古羅馬社會，婚姻是兩個家戶的結盟，且是建立在羅馬榮辱價值體系(honor and shame system)的基礎之上的。女性在這些聯盟中，從來都沒有多少話語權。在婚約中，父親要確保女兒處子之身，可這一切都只關乎維護父權的尊榮；女兒的處子之身，則被視為父親的財產而無關乎女兒。另一方面，娶已失處子之身的女人，也會給男人帶來極大恥辱，因有人走在他前頭，奪走了女人的童貞。此外，女人即使在婚後還得服在父親的權柄之下。就這層面而言，父親可說是女兒終生的庇護者，而丈夫亦要承擔此一責任。我們看到，所有這一切都是為了確立人的尊榮和體面；沒有榮譽，不夠體面，人就不能贏取足夠的尊重，不能往上爬，攫取更多的權勢利益。

套用現代的說法，由「擬親屬關係」(fictive kinship)構成的「勢力範圍」，可能是對「家戶」的最佳描述。這種「家戶」更多是一種社交網絡，而非關乎建築物或血緣。放到羅馬世界，「地主」可説控制著所有，他們掌控著帝國的產出和產業。當然，他們也是凱撒家重要的侍從者(clients)，而凱撒是他們最重要的恩庇主(patron)。「地主」就像經營現代的企業那樣，有雇工和奴隸在其「公司」工作。羅馬大眾的身分認同，很多時候不僅繫於其家庭出身，更繫於其所屬的家戶主人。放在我們今天的處境來打個比方，某人替「微軟」打工，人們就會説他是蓋茨家族的一員(Bill Gates' family)。伴隨著這種聯繫而來的，是家戶成員對該社會體制及其主人的責任(obligations)。如此，多數人的生活被掌控在少數人手中，而在地主手底下討生活的每個人，都得服膺於他，尊之重之，因為惟有他是他們的恩庇主。

羅馬世界的這種家戶結構，意味著權力分配極度不均。然而，家戶之主亦有責任要公平公正地經營家戶。家主既手握大權，必須力求資源公正地運用在家戶成員身上。對依靠家主生活的人來説，尊重家主明顯基於諸多現實考慮(譬如當地主去世，他們是禍是福，就取決於地主生前所立的遺囑了)。「家戶」是當時社會權力結構的縮影，這跟現代家庭很多時所強調的關愛培育等特點，相去甚遠。這不是說古代家戶就沒有關愛培育等元素，只不過家戶的焦點更多是資源分配，以及財產繼承等法律考量。當我們閱讀新約聖經的家戶法規（household codes），家戶的這一重要面向不可不察。

2.9.「父」

保羅用上了很多與「父」相關的詞彙來描述上帝。這也許是亞蘭文傳統的一部分，來自耶穌十架苦路前的最後祈禱：「阿爸！父啊！在你凡事都能⋯⋯」（可十四36；「阿爸」亞蘭文意為「父」）。事實上，早期教會的教導很大機會用到最後晚餐和受難故事中耶穌的祈禱來說明上帝為父的身分（the fatherhood of God）；而用上「阿爸」（Abba）這類詞彙來教導，最基本的背景便是耶穌受難週的故事了。但就人神關係而言，父上帝這角色有可能亦根源自舊約聖經，而保羅也許於早期的宣教工作中，便將此傳給外邦人。在某種意義上來說，上帝創造宇宙萬物，是宇宙的父（賽六十四8）；就象徵意思而言，上帝從埃及召出以色列，祂就成了以色列人象徵意義上的父（symbolic father；另參代上二十九10；何十一1）。當然，觀乎舊約整體的論述，父上帝這身分，可說是根源自創造和救贖的教義。祂如父親般創造生命，並將生命帶進宇宙；祂又像父親拯救孩子那樣救贖以色列，並稱他們為祂的子民。以上是保羅教導外邦人認識父上帝這身分的可能背景。然而，外邦人對父的身分的理解，還有其他可能嗎？

在外邦社會，父這身分主要象徵著權柄（authority）。父通常是一家之首。而「家戶之主」（head of the household）的拉丁文是 *paterfamilias*，這是源自父權的詞彙，在父權社會中父親的身分是至高無上的。在現代的電影或敍事中，可能會將理想的父親描寫成暖心的人物；可在古代社會，家戶之主的側重點卻不同。另一方面，如上文所言，家戶之主既手握大權，便得同時有所擔當。家戶中所有人都倚靠著他。家中事無大小，由他的話作最後定案。他當然要公平地分配資源，令家戶暢順運作。有權勢的大地主在社會中是舉足輕重的恩庇主，相關的人都得依靠他及他經營的家戶來謀取好處。他有著至高無上的尊榮。當家戶之父去世，尊榮將順序落在家戶中下一位年紀最長的男性親屬身上。接任的這位男性，便成了新的家戶之父，隱喻性地擔起了父的角色（metaphorical father），行使著父的權力。

那麼，就羅馬整體社會而言，父親這隱喻（metaphor of the father）如何發揮作用？凱撒實際上便是國家的父，掌管著名為羅馬帝國的這個大家戶。這偉大的父肩擔了教化「蠻族」的角色，要令他們歸入羅馬這個大家庭，從而打造出一全新的家戶、全新的創造。凱撒有時亦會通過收養兒子，擴大他們的影響力。奧古斯都本身就是尤利烏斯的侄孫，通過收養的方式，奧古斯都的統治取得合法性。在這個全新的帝國國度裏，擔當父親角色的人物，具備了一種隱喻性的力量和權柄（metaphorical authority）。無論是隱喻性地視凱撒為父，還是真正的家戶之主（在尋常羅馬百姓家，家戶之主的角色多由真正的父親擔當），他們的權力均由法律來支持。

2.10.「聖殿」

聖殿是非常重要的一個體制組織。聖殿是上帝信實應許的重要象徵。而這裏說的聖殿是猶太人被擄歸回後所重建的。經過巴比倫七十年被擄，上帝終為猶太人開路，領他們回耶路撒冷，重建聖殿。這事迹記述在以斯拉記和尼希米記。可現實中，大多數猶太人還是選擇留在散居地，歸回的畢竟只是少數，而後者要在不容易的環境中服事上帝。來到耶穌和保羅時代，連那些散居的猶太人都能享受前人辛勞忠信的成果。如今聖殿成了一個有組織宗教的中心，有著各式各樣的節期禮節。要支撐這樣的一個機構，領導的架構系統非常重要。而聖殿周圍的土地基本上由聖殿擁有。聖殿亦擁有精密的貨幣兌換系統，加上向遍佈帝國的猶太人徵稅，使得聖殿變成了一個財力雄厚的體制組織。從多方面來說，猶太人都以聖殿為榮。

整座聖殿建築由不同院落組成，最外緣是外邦人院，然後是中間的女院，再內圍一點是以色列人院（只許猶太男性進入），接下去便是最核心的祭司院，那裏是所有神聖禮儀舉行的地點。外邦人院看來是第二聖殿時期才出現的，不屬原來所羅門聖殿。聖殿的管理工作，由利未人（協助聖樂禮儀）、祭司（負責獻祭相關工作）和大祭司負責，而負責維持秩序的則是各式的聖殿守衛。

聖殿基本上像大企業般運作，提供了形形色色的就業機會。要維持聖殿的祭祀活動，得從外面引進大量牲口，這肯定養活了許多畜牧業者。這些祭牲需經聖殿人員評定為潔淨才成。不難想像，不是每個遠道而來的獻祭者都會親自牽來祭牲。按估計，耶路撒冷城當時人口約三萬，[12] 而考慮到當時大部分猶太人非居於耶路撒冷，那麼散居各地的猶太人數目應該頗為龐大。當然也不是所有的人都會湧往聖殿守節，只是我們能夠想像，以古代人口稀少得多的世界而言，湧進耶路撒冷的人數實不能小覷。在耶路撒冷處理垃圾的地方（耶穌有時會以之作隱喻，用來形容地獄不滅的火；參可九 44），考古學家發現了大量動物骸骨，在只有富人才經常吃得起肉的社會裏，這絕不尋常，足見聖殿祭祀活動之鼎盛。要確保朝聖者獻上的祭牲是適切的，最簡便的辦法便是直接將合格的祭牲賣給他們。結果，耶路撒冷四周的農業地區都集中為聖殿飼養祭牲。因著祭祀的需要，耶路撒冷亦興起了一種特殊職業：屠夫（butchers）。畢竟，不可能由祭司負責所有屠宰工作，於是便有了專事屠宰的人，祭司們便專注於屠宰工作的管理。每次節期給宰殺的祭牲，可能數以萬計；這個由層級最頂端的宗教領袖所操控的聖殿，成為推動耶路撒冷經濟的火車頭。由此看來，難怪宗教領袖在耶穌被釘死一事上扮演了如此關鍵的角色，連彼拉多也要聽取他們的意見。他們非凡的經濟實力，使得他們成了位高權重的一羣，影響力甚至及於羅馬委派的殖民統治者。

不過，在耶穌（和保羅）時代的猶太人中，對聖殿的地位（validity）也褒貶不一。持不同立場者所持觀點各異，這倒有點像基督徒評斷公教那樣。因篇幅所限，這裏未能處理時人對聖殿的不同評價，但要指出的是，保羅就此課題的論述，可說比大多數人都更為徹底（radical）——某程度上，他將聖殿變成了一個隱喻，而不再是真實的建築物。保羅所框定的進路，已經徹底走出一個新方向，超越聖殿這個體制組織地位的問題了。

傳統上，教會有時很容易妖魔化聖殿，視之為該受詛咒。無疑，隨著時間的推移，聖殿業已演化為一龐大的經濟勢力，但作為一個體制組織，其源起卻絕非邪惡。事實上，聖殿踏上體制化

（institutionalization）的道路，亦只是為了滿足敬虔的猶太人回到耶路撒冷敬奉上帝的需要罷了。組織（organization）是體制化的一部分。然而，隨著時間過去，權力本身便成了一大難題。領袖高高在上，大權在握，豈不睥睨眾人？這亦是體制組織開始腐敗的開始。聖殿成就了權勢財力，卻毀了自身。聖殿發展的故事，其實也可以成為今天教會的借鑒。但我們能從歷史學到教訓嗎？

第二部

Part Two

一

保羅書信選讀

3. 早期書信選讀

3.1. 多角度解讀

現在我們要進入經文的討論部分。這一章我們先討論保羅「早期書信」的兩段經文：包括著名的羅馬書十三章 1 至 7 節（順服在上掌權的），那是不少牧者、學者甚或基督徒談論政教關係時，經常會引用的（另一段經常引用的經文則是提摩太前書二章 1 至 2 節〔為在位者祈禱〕，這會留待本書第七章教牧書信部分再作探討）；另一段要思考的經文是哥林多前書六章 1 至 11 節（向不信者求審），那是較多人忽略的一段經文，但筆者相信這段經文同樣能給我們帶來啟迪。

首先，筆者想指出，這些經文（包括提摩太前書二章的經文）並非如大家所想的那樣，是簡單直白的命令，可直接按字面應用。這裏會討論的經文雖不多，但我們會嘗試從多角度進行解讀，以求準確理解其意涵。最後，筆者想指出的是，除非我們對保羅的世界和書信的處境脈絡有一定的認識，否則是難以明白這裏的所謂「命令」與我們的關係。這正是筆者的進路。

當我們研究保羅的世界，必須檢視我們的詮釋是否符合從保羅著作整合而得的政治世界，而這個世界是由保羅世界中的諸多政經文化形象、隱喻和觀念所組成的。這迫使我們做詮釋工夫時要時刻警惕。當我們研讀有關保羅的任何課題，也要知道基督徒總是在一個「政治」觀念底下進行思考的，那就是「耶穌是主和上帝的彌賽亞」。從耶穌是主衍生出來的種種意涵，形成了保羅思想中的政治前提，尤其當保羅挪用他生活世界中的詞彙和形象，來言說他關注的事情之時，這就更為重要。我們的詮釋不能違背上述的基本前設。

從多方面來看，我們的詮釋是排除「不可能性」的一個過程，以圖專注於符合保羅世界觀的種種可能。惟此，經文才能向我們說話。否則我們只是將自己的話放進經文口中，強迫它說我們想它說的話，而不是言說保羅想傳遞開來的思想。

筆者記得有一次出席一個關於箴言三十一章的研討會，一個同儕在答問時間的一席話，令全場鴉雀無聲了好一陣子。他說：「當我們正研讀一個作者，其身分被認為是一個娶了過千女子的男性，試問我們該怎去談論他筆下的惟一賢妻（才德的婦人）？」寂靜後的不安笑聲，說明了解經時添上意想不到的文化元素，任何古代文本的現代討論，可以有多「離地」。同類問題，亦可以在討論保羅著作時出現。下面我們先從古時的哥林多城開始。

3.2. 向不信者求審

[1] 你們中間有彼此相爭的事，怎敢在不義的人面前求審，不在聖徒
面前求審呢？[2] 豈不知聖徒要審判世界嗎？若世界為你們所審，難
道你們不配審判這最小的事嗎？[3] 豈不知我們要審判天使嗎？何況
今生的事呢？[4] 既是這樣，你們若有今生的事當審判，是派教會所
輕看的人審判嗎？[5] 我說這話是要叫你們羞恥。難道你們中間沒
有一個智慧人能審斷弟兄們的事嗎？[6] 你們竟是弟兄與弟兄告狀，
而且告在不信主的人面前。[7] 你們彼此告狀，這已經是你們的大錯
了。為甚麼不情願受欺呢？為甚麼不情願吃虧呢？[8] 你們倒是欺
壓人、虧負人，況且所欺壓所虧負的就是弟兄。

[9] 你們豈不知不義的人不能承受上帝的國嗎？不要自欺！無
論是淫亂的、拜偶像的、姦淫的、作孌童的、親男色的、[10] 偷竊
的、貪婪的、醉酒的、辱罵的、勒索的，都不能承受上帝的國。

[11] 你們中間也有人從前是這樣；但如今你們奉主耶穌基督的名，並藉著我們上帝的靈，已經洗淨，成聖，稱義了。（林前六 1～11）

3.2.1. 經文的脈絡

當筆者第一次到訪哥林多古城，看到許多基督徒遊覽市集中央的迦流審判席（Gallio's judgment seat）。迦流吸引我注意的，有兩方面：第一，他約在公元一年出生；第二，按使徒行傳十八章 12 至 17 節所記，他主審保羅在哥林多的案件，並作出有利保羅的裁決。保羅撰寫哥林多前書之前，對迦流的印象應該甚為正面，這是我們需要注意的。

保羅從自己的追隨者那裏（參林前五 1），得悉哥林多前書六章所說的事，就是有一個信徒佔了另一個信徒的好處，結果引起紛爭。從較宏觀的角度看這封信，哥林多前書要處理的主要問題，並非個人問題諸如屬靈恩賜的問題，或者道德操守的問題等。就如不少保羅書信那樣，在書信的起首部分，會開宗明義指出所要處理的問題；而哥林多教會那時的真正問題是：不合一（disunity；林前一 10～17）。研讀這封信的時候，我們也必須留意這一點。

觀乎這封信的歷史處境，我們知道保羅已經建立了這所教會好一段時間；無可避免地，教會出了一些問題，令教會產生分裂。使徒行傳的記錄顯示，基督教發展到這個階段，還未算是一個正式獨立的宗教，而依然依附在猶太教。關乎基督教的一切，從耶穌到保羅時期，都與猶太教關係密切。基督教在猶太教的傘下得到保護，基督的追隨者被視為猶太教的某種分支。如前文曾說過的，當時膜拜已過世凱撒的習俗十分普遍，愛國者在公共生活和私人生活中均當盡此責。不過，根據羅馬法例，猶太教卻得到豁免，可以單單敬拜以色列獨一的上帝。在這種情勢下，基督的追隨者亦因而得到豁免。

今天，當基督徒讀到哥林多前書六章 1 至 11 節，往往會問，那麼基督徒應該向法庭求審，控告別的基督徒嗎？若從字面直接解讀，答案顯然是否定的。表面看來，這個嚴厲的禁令，亦似乎與政教的議題全無關係（no church-state implications）。不過，如段首所言，保羅於哥林多對政權的經驗，卻是頗為正面的（徒十八 12 ～ 17），故此，他這裏如果真是如此直接地否定求審的可能，筆者總覺得多少有點奇怪。迦流的裁決既然對保羅有利，他為何會對法庭抱有負面的看法？假如他以個人經驗為先，應該建議哥林多教會把案件交給法庭，向外人「求審」。而且，保羅在別的地方也明言政府有伸張正義的責任，以體現上帝的公義（參羅十三 1 ～ 5；另參本書下文段落 3.3）。保羅對法庭的負面看法，看似不太合情理。為了找出答案，我們需要將政治體制所組成的歷史背景，跟書卷要處理的主要難題，結合起來，一併思考。

3.2.2. 經文的意思

迦流的審案雖未臻完美，但至少在詮釋法律上是可靠的。畢竟，他與有識之士過從甚密。除了在使徒行傳中作出了公允的裁決（徒十八 12～17），迦流也是以學識淵博聞名的老塞內卡（Seneca the Elder）之子、能幹的政治家小塞內卡（Seneca the Younger）的兄弟。於哥林多前書六章 1 節，保羅似乎沒有對法庭給予正面的評價。他稱法官為「不義的人」（the ungodly），這個標籤，指到那些未被稱義的人，也就是在上帝新時代裏未因基督的作為而被稱義者。這一標籤不必然指到這套法院制度是完全敗壞的，而是要說明一點，就是這制度並不在耶穌新時代的新公義之下（the new justice），而後者該是透過耶穌的復和職事帶給我們的。

哥林多前書六章的事其實並不複雜：一個弟兄到法庭控告另一個弟兄，因為對方虧負了他（林前六 6）。似乎有弟兄因受詐取吃了虧（林前六 7；參《呂譯》），反過來詐取對方報復，致衝突升級，告上法庭（林前六 8）。這裏的用語，表明那是某種財務方面的糾紛。因此，直接的應用亦必須局限於商業往來的層面（縱使保羅這裏提出的原則，對生活其他層面也有其意涵）。最後雙方都被保羅嚴詞責備。

由此看來，即使按最死板最字面的經文解讀，保羅這裏的命令亦不可能是「絕對性」的。也就是説，這命令適用的紛爭，只限於原本不義之事未有好好解決，結果糾葛升級那種。保羅希望教會阻止衝突升溫，雙方不用告上法庭。假如按哥林多教會所面對的主要難題（即分裂）來解讀這段經文，我們可以説，因教會未有處理好原初的欺詐糾爭，現在教會的合一受到威脅。保羅接下來的論證，既屬基督論式的，也屬終末論式的；他告訴我們上帝的國遠超地上的國，而他們將來有分於終末審判世界和天使（林前六 3）。假如他們將來要審判天使，怎麼現今的事情也無法判斷呢？換句話説，當下的行動應該反映他們現今的信心和對將來的盼望。可惜，這件事反映了他們兩者皆盡付闕如。

不少基督徒都只執著片言隻語，或一兩節經文，就任意下結論説保羅完全禁止肢體間的訴訟。不！這段經文討論的，其實是教會中的虛假和諧，當初大家不願意正視不公正的行為，結果糾紛升級，告上法庭。這不僅僅是財務上的問題，更是人際關係上的問題。

3.2.3. 經文的現代意義？

當我們研讀哥林多前書這段經文，必須思考經文在當日和今天的情境中有甚麼意涵。我們不能不假思索就按字面直接應用，或者純粹律法主義式或自義式地挪用經文。我們需要認真思考，該怎樣在一個有著不一樣制度的現代世界中，應用這段經文。

第一，經文把問題限制在雙方皆有犯錯的金錢糾紛上，同時亦表明教會是有足夠能力處理這類問題的。教會確實有能力處理某些問題，但某些罪行卻是教會無法處理的。例如性罪行或詐騙等嚴重罪行，教會實難以完滿處理。因此，對這些罪行視而不見，甚或刻意隱瞞，並不能保證和捍衛教會的合一，有時反而會帶來信徒羣體更大的分裂。因此，我們首先要問的是：教會有足夠能力處理甚麼個案？

第二，我們必須考慮到羅馬政權給予猶太教宗教豁免這樣的背景。羅馬帝國雖然沒有政教分離的制度，卻給予某些宗教（譬如猶太教）一定的宗教保障。正如前文所說，基督追隨者於猶太教蔭下，不需向凱撒的像下拜。若再加上保羅對羅馬司法制度的正面態度，我們對他在哥林多前書六章的教導會更感到意外。但保羅之所以有這樣的教導，全因他明白到一點，就是無論這些人間制度表面上多完美，它還是一個不義的制度，它的基礎可以是民族主義、普世價值或者其他，但肯定不是對獨一上帝和祂兒子耶穌基督的尊崇。因此，任何原本可以在信徒羣體內處理好的問題，卻任意依賴不義的制度來解決，是忽略了上帝國終末的優先性和超然性。不但如此，這更可能讓政府有機可乘，介入猶太教(或教會)的事務。保羅的建議蘊含了某種傳統的(也當然是神學的)智慧。著名的美南浸信會代言人摩爾(Russell Moore)曾經被一個牧者問到：教會為甚麼不參加推動立法，禁止穆斯林建清真寺？摩爾這樣回答：假如政府可以違反穆斯林的宗教自由，政府有一天也可以阻止教會建教堂。而且，假如教會有分干預穆斯林的宗教自由，教會將必成為穆斯林的敵人。摩爾的回答很有智慧。我們要做的是，在確保全民宗教自由的前提底下，靠勸説而非脅迫的方式去傳揚福音，領人歸主，這是教會自身的宣教使命和責任，而不能倚仗政府或制度的暴力，去促成表面的成果。基督教在歷史上已犯下了太多這樣的錯誤，並為此付上了太過沉重的代價。

3.3. 順服在上掌權的

[1] 在上有權柄的，人人當順服他，因為沒有權柄不是出於上帝的。凡掌權的都是上帝所命的。[2] 所以，抗拒掌權的就是抗拒上帝的命；抗拒的必自取刑罰。[3] 作官的原不是叫行善的懼怕，乃是叫作

惡的懼怕。你願意不懼怕掌權的嗎？你只要行善，就可得他的稱讚；[4]因為他是上帝的用人，是與你有益的。你若作惡，卻當懼怕，因為他不是空空地佩劍；他是上帝的用人，是伸冤的，刑罰那作惡的。[5]所以，你們必須順服，不但是因為刑罰，也是因為良心。[6]你們納糧，也為這個緣故；因他們是上帝的差役，常常特管這事。[7]凡人所當得的，就給他。當得糧的，給他納糧；當得稅的，給他上稅；當懼怕的，懼怕他；當恭敬的，恭敬他。（羅十三1～7）

3.3.1. 經文的脈絡

3.3.1.1. 上文：羅十二章——上帝的審判

我們研讀任何古代書信作品，該不會從書信的中間開始讀起吧——可是聖經中的書信卻除外！羅馬書十三章1至7節也不例外，基督徒總愛「斷章取義」，獨立抽出來研讀。純粹因這是「上帝的話」就可以這樣做？不！十三章1至7節，其實是羅馬書最後一個大段落（羅十二1～十五13）的一部分，只要翻開大部分近年出版的羅馬書註釋，就會發現學者從來不會忽略十三章1至7節跟這個大段落其他部分的關連。問題是很多信徒甚至牧者，至今依然故我。

這裏，我們先討論十三章1至7節跟十二章的關係。早期的釋經書大都認為十三章 1 至 7 節與十二章是斷然區分的(大家亦要留意一件事，就是保羅執筆之時，並沒有用章節區分！章數要到十三世紀才出現，節數更要到十五、十六世紀才存在！)，不過若我們細心查考，便會發現十三章 1 至 7 節是緊接著十二章末的。羅馬書十二章 17 至 21 節論到人在邪惡的世界中怎樣實踐愛，有部分答案見於十二章 19 節：「不要自己伸冤，寧可讓步，聽憑主怒〔《和修》作「給主的憤怒留地步」〕；因為經上記著：『主說：「伸冤在我，我必報應。」』」意即把事情交由上帝審判。筆者之所以說「部分答案」，是因為把事情交由上帝審判，很自然會引發一個問題：「上帝的審判是將來的事，那當下又如何？」關乎「當下」，答案載於十三章 1 至 7 節：一個正常運作的政府，要審判作惡的人(羅十三 1～4)；雖然政府並不完美，但只要它能夠好好運作，懲罰惡人，政府就是在服事主，「是上帝的用人」(羅十三 4)。

我們必須注意，保羅並沒有以絕對的口吻說政府必定是上帝的用人；他書寫當下政府對惡人的懲罰，是延伸並相對於十二章 17 至 21 節的主題而言的。因此，到了十三章 5 節有關順服政府的要求，便明顯是指著信徒順服一個秉行(雖然不完美地)上帝公義的政府而言。亦因此，接下來十三章 8 至 14 節有關愛的討論，詳述愛是甚麼和不是甚麼，便變得順理成章。

這一切與保羅身處的社會背景又有甚麼關係？很多人會把這段經文提及的管治權力（governing authority），理解為被授予的尊榮，即治權（assumed honor, *imperium*）；但我們不應忽略此前討論過的另一種尊榮，就是贏取回來的威望（earned honor, *auctoritas*）——雖然奧古斯都以降的皇帝，已沒能贏取太多威望。大部分採微觀方式研讀十三章 1 節者，只從經文看見政府配得統治大權，卻忽略了保羅這裏的範式，似乎正好符合他身處的羅馬文化，因為惡與義的討論，指向那種手握權力者要贏取回來的尊榮（威望），而非純粹被授予的尊榮（治權）。這段經文直接對羅馬文化說話，同時不違保羅以基督為中心的信息（Christ-centered message）。有些釋經學者埋怨十三章 1 至 7 節沒有提到基督，然而他們的投訴站不住腳，這只不過是因為他們把十三章 1 至 7 節抽離了原本的羅馬書十二至十五章的脈絡罷了。

3.3.1.2. 下文：羅十三8～14——基督徒愛的見證

觀乎羅馬書十三章與「上文」十二章的關係，已顯示出十三章 1 至 7 節並不如很多人所想的那麼「簡單」。這裏我們再看看這段經文的「下文」，即十三章 8 至 14 節。十三章 8 至 14 節有關愛的主題，與十二章 9 至 21 節十分相似。筆者在前作《羅馬書解讀：基督福音的嶄新視野》[13] 中曾提及，必定有甚麼特別的原因，保羅才會在十三章繼續討論愛這個主題，不然十三章 8 至 14 節確實讓人感到有點累贅。譬如十三章 8 至 14 節所談論的，其實都可以歸納進十二章 9 至 21 節一併討論。那麼，這跟十三章 1 至 7 節，在十二至十三章整體結構中的位置，有何關係？

我們先看看十二章 9 至 21 節和十三章 8 至 14 節兩個段落有何相似之處。這兩個段落都充滿了上帝終末審判（eschatological judgment）的意味，表明上帝子民快蒙拯救，祂將要嚴懲逼迫上帝子民的人。在十二章 19 節，上帝的「憤怒」（參《和修》）將臨到上帝子民的仇敵身上，猶如臨到一切不虔不義的人身上那樣（參羅一 18），這整個段落都滿是審判和拯救的氣氛。教會要見證這個終末的事實，不以惡報惡（羅十二 14、17），反倒憐憫人、善待人（羅十二 9～10、13、15）。教會的道德本質應該使其有別於羅馬人（羅十三 12～14），總要披戴主耶穌基督（羅十三 14）。

下面的簡單結構，清楚道明了保羅這個段落的神學思想。這無關信徒要否完全順服政府，而關乎耶穌基督的主權。

- 愛的見證（羅十二 9～21）
- 教會與羅馬政府的關係（羅十三 1～7）
- 愛的見證（羅十三 8～14）

看到十三章 1 至 7 節的上下文，便會看到保羅所言說的終末公義，明顯顛覆了支撐著羅馬法律和秩序的帝國主義意識形態。主耶穌在終末將臨的統治（imminent rule），徹底顛覆了羅馬錢幣上所刻上的意識形態——舉世聞名的「永恆羅馬」（eternal Rome）。任何人因為羅馬書十三章 1 至 7 節而認為保羅於政治上屬保守派，根本是誤解了羅馬社會、羅馬人，和徹底誤讀了保羅。

3.3.1.3. 更大的脈絡：羅九～十一章——上帝的掌權

我們將脈絡再擴大一點，會看到羅馬書九至十一章的信息，為羅馬書十三章提供了某種政治處境和脈絡。我們可以從羅馬書九至十一章採用的敘事方式和歷史情境入手。首先是敘事方式。九至十一章記載上帝是那位全然掌管歷史的主，這當然是大家耳熟能詳的主題。羅馬書九章 1 至 29 節提到以色列的過去，他們經歷過上帝的拯救；九章 30 節至十章 21 節提到現今以色列的不信；十一章則提到將來以色列的信。這是保羅從以色列歷史中選取出來的一個明顯主題，而整個相信與不信的敘事，來自以色列歷史不同時期，從最初出埃及的拯救，到後來因拜偶像被擄。這段歷史看起來耳熟能詳，沒特別之處，不過倘若我們以羅馬人的國家敘事來作出對照，會看到不一樣的亮光。羅馬的敘事（譬如記錄了奧古斯都功績的銘文），論到羅馬帝國的偉大強盛，將時人所知的世界統一起來，可當中卻沒多少提到諸神。當我們從羅馬帝國主義的角度來理解保羅這裏說的話，保羅這裏的敘事就顯得十分不平凡了。猶太人生活在羅馬帝國主義之下，身分是被殖民者，但保羅聲稱他們的上帝依然在掌權！保羅多方暗示，以色列要比羅馬存留得更久，因為以色列跟上帝的計劃有直接關係。即使羅馬帝國消失，以色列的上帝依然得勝；但這不是透過軍事的力量，而是通過猶太人所領受的奇妙救恩（羅十一 25～32）。保羅也大膽宣稱，他在時人所知的世界四處宣揚上帝的得勝（非靠軍事力量），本身便是上帝偉大歷史的一部分（羅十一 13～14）。

另一方面，歷史情境也反映了上帝的掌權（God's reign）超乎羅馬。羅馬書十一章 17 至 21 節提到上帝怎樣將外邦人「接入」上帝的計劃，以成就祂在以色列人身上的心意。保羅這裏將外邦人描繪為野橄欖的枝子（十一 17、24），接在以色列的橄欖根之上，顛覆了所有將羅馬人置於猶太人之上的反猶政策——克勞第把猶太人逐出羅馬就是一例；希律在聖殿入口豎立羅馬之鷹的像是另一例。這些政策試圖展示羅馬人的優越性。不過，我們要留意的是，保羅野橄欖的比喻所要展示的猶太人優越性，並不是從民族的角度出發，而更多是從上帝計劃的角度出發。

上述的教導記於十三章之前，說明了上帝雖然讓不完美的政權存在，終究而言，上帝的掌權還是超乎人類的政權。故此我們不應將十三章獨立抽出來，而忽視了九至十一章的教導。

3.3.1.4. 空間的變化：由羅十二9～21到十三8～14 ——基督徒的公共見證

上文思考過從結構看到的終末論，看到十二章 9 至 21 節與十三章 8 至 14 節的相似之處，這裏則再看看兩者的差異，即一種空間關係（spatial relationship）上的差異：十二章所描繪的是教會的空間，可是隨著仇敵逼迫教會（羅十二 14 ～ 21），行文漸漸移向了公共空間（即羅十三章）。

羅馬書十二章先從教會空間開始（羅十二 3 ～ 13）。這裏關於愛的討論以教會為起點，這一事實是我們必須留心的。保羅先按著十二章 1 至 2 節「活祭」的教導，教導人如何好好運用屬靈恩賜，而教會就是人開始運用恩賜事奉的空間。至於十二章 14 至 21 節，我們無法確定這一系列愛的命令，是否全屬教會內部的事；不過，可以肯定的是，這個段落成了一個過渡，即從基督徒自身之羣體過渡到公共空間。而公共空間需要一些例子來說明何謂愛，保羅便以十三章 1 至 7 節為例，接著才是 8 至 14 節的詳細闡釋。保羅這裏並不是說十三章 1 至 7 節所載的一切都是絕對的，畢竟這只是一個例子；保羅要說的是，在他當時的處境下，就該如十三章 1 至 7 節所說的那樣做。保羅也提到一些具體情境，例如十三章 6 節明顯是論到納稅（納糧）的事情。保羅在十二章開始討論教會成員之間的關係，並漸次開始討論教會對世界的見證。因此，十三章 1 至 7 節的核心問題，並不是順服政府與否，而是基督徒的公共見證。

保羅接著在十三章 8 至 14 節繼續討論愛這個課題，特別將之連於基督最終的掌權。從私人空間轉移到公共空間的結構，要教導保羅的讀者甚麼？根據十三章 1 至 7 節的脈絡和結構，我們可以得出：第一，愛是教會的私人和公共關係的首要原則。第二，人順服政府與否，不是首要的關注；首要的，是人有否在某一議題上彰顯基督，作美好的公共見證。總括而言，十三章 1 至 7 節的核心議題，並非順服政府與否，而是以愛為本的宣教和見證。有時候，「愛」最適切的表達，最好的公共見證，不一定是順服。

3.3.2. 寫作的用意

按羅馬書十二至十三章的結構解讀十三章 1 至 7 節，我們明白到基督的再來和神聖的審判勝過任何政治理想；而羅馬書十三章 1 至 7 節的重點，關乎彰顯正義的愛的見證。若從羅馬書寫作用意這更宏觀的視角來審視這段經文，又將如何？十三章 1 至 7 節又如何與羅馬書整卷書的寫作用意融貫連結？

要明白羅馬書的寫作用意，可看看信中比較「個人化」的地方，畢竟保羅不是在撰寫神學論文，而是在書寫一封真正的信件，故此以他明顯較為個人化的言論為基礎，來詮釋書卷，也應是合適的。首先，保羅從未見過這封信的受眾（羅十五 23），但他肯定認識當中某些人（羅十六 3 ～ 16）。此外，保羅清楚指出，他想把一些屬靈的恩賜分給他們（羅一 11），卻還未做到。或許他想跟他們分享的就是這個福音。但為甚麼呢？保羅也清楚指出，他有意往西班牙拓展福音事工，而中途會經過羅馬，與他們交往，然後蒙他們送行，得到經費支持（羅十五 23 ～ 24）。換句話說，保羅並非因為羅馬人不相信耶穌，而要與他們分享福音，而是希望他們明白他的事工理念。

另一方面，若從全書的形式和結構觀之，亦不難看出保羅寫信的用意。查看書信的前言一章 1 至 17 節，並十五章 14 至 33 節的長篇結語，我們均看到保羅在陳明他的宣教目的。這種首尾呼應的結構，讓我們清楚看到書信的宣教焦點，以及想要到訪羅馬以便展開西班牙宣教工作的心意（詳參筆者羅馬書前作《羅馬書解讀》的相關部分[14]）。

此外，在上文曾提及的跟羅馬書十三章 1 至 7 節有關的經段中，我們會看到保羅理念中的其中一個主要原則：上帝在以色列人身上的全權旨意（sovereignty of God）；其他計劃都要連繫於這一全權定旨，而至上帝終末的審判完全彰顯祂的國度。保羅這裏沒有主張對抗羅馬政府，但他強調上帝終末的審判以及當下政府需秉公行事，肯定是在顛覆羅馬的權威。另一個他恪守的原則，就是公共見證的重要，而經文這裏要處理的則是納稅的問題（即使是耶穌時代，納稅與否已引起爭議〔參太二十二 21；可十二 17〕）。對這裏提到的「納糧」一事，有很多方面我們都無法確定；不過肯定的是，保羅這裏支持信徒順服當時的羅馬稅法。按當時的處境和經文脈絡，我們可以看到保羅的觀點，那就是羅馬人視納稅為順服帝國權柄的行為，而基督徒則以此作為信靠上帝全權的見證。故此，十三章 1 至 7 節的順服討論，是以上帝為中心（theocentric），而非以政府為中心的（government-centered）。那麼，這方面的討論，是否符合保羅的宣教目的和議程？假如納稅關乎公共見證過於順服政權，那麼，這裏的意思就是說，地方教會在支持外地宣教事工之先，要明白並學會怎樣作好公共見證！換句話說，保羅通過這裏的教導，亦旨在裝備羅馬的教會成為宣教的教會。

3.3.3. 時代的背景

除了羅馬書的寫作用意，我們亦要掌握十三章 1 至 7 節的一些時代背景，才能更好地明白保羅為何這裏教導人遵守稅法。當時有一件事是影響深遠的，就是前文多番提及的克勞第諭令，將爭論耶穌彌賽亞身分的猶太人逐出羅馬（參徒十八1～2）。這個爭論很可能在猶太會堂開始，而克勞第的諭令使得會堂的構成，漸漸以外邦人為主，這情況持續到後來尼祿登基為止（即保羅撰寫羅馬書之前）。這樣，猶太人返回羅馬之前，敬拜耶穌的成員構成多以外邦人為主。而克勞第之所以發出諭令，只在乎首府的太平，而不是猶太人真箇在爭議甚麼。由此，保羅明白到，假如皇帝克勞第可以這樣大大改變當地的宗教面貌，後來的統治者亦可能會這樣做；又假如當地的信仰羣體因此受到連番影響，保羅的工作亦將大受影響。而保羅需要支持。

那保羅為甚麼提到納稅的事？納稅似乎是猶太人爭論的焦點。稅務本身是羅馬政府施行社會控制的其中一個方法，收稅的工作會外判給各行省的稅吏，而後者往往中飽私囊。不過由於帝國幅員廣大，羅馬人亦只能透過這個制度，確保部分資源能夠送到羅馬政府手中，支持政權的開支。除了納稅給羅馬，很多猶太人也要繳交聖殿稅，以支持耶路撒冷（太十七24～27）。正如此前所提過的，羅馬教會起源於羅馬的會堂，因此不少信徒都同時要向耶路撒冷和羅馬納稅，尤其是克勞第治下猶太人被逐後（約在公元四十九年），信徒使用會堂建築物來舉行聚會。故此，欺瞞稅款的試探一直存在。如果為了給耶路撒冷繳稅，而試圖欺騙羅馬的稅金，給耶路撒冷的稅金會被充公。在耶穌時代之前，這早已發生過，影響到小亞細亞地區並帶來政治後果。也許這正是保羅想要避免的，他不想危及會堂，直接影響到他的宣教事工。隨著公元一世紀下半葉愈發厲害的反猶情緒，這種危機尤其真實。

從這些背景資料看來，羅馬書十三章的敍述中，有部分反映出保羅是一個非常務實的宣教士。有些人可能會不認同他的立場，但在他身處的社會中，實在也沒甚麼抗命的選項供他選擇。而且，羅馬的信徒其實也沒甚麼拒絕納稅的理據，繳稅始終是既有的社會責任（social obligation），深藏於古代經濟的肌理之中。保羅這裏順服的呼籲，亦可說是一個好例子，說明了何謂為了抗逆主流文化而選擇不對抗。

3.3.4. 責任體裁

3.3.4.1. 何謂「責任」？

另一方面，保羅這段經文的寫作格式，符合古代社會有關責任的論述。我們可以說，十三章 1 至 7 節是「書信體裁」中的另一種體裁：責任體裁（genre of obligation）。筆者這裏的研究，得益於同儕鄧肯博士（Dr. John Duncan）攻讀博士時的研究，那時他專研羅馬書十四至十五章和羅馬的責任法。[15] 這種「責任」

的觀念，在新約哪些地方出現過呢？羅馬書十三章 8 節正好就有「欠……債」的講法：「除了彼此相愛，對任何人都不可欠甚麼債；因為愛人、便是行盡了律法。」(參《呂譯》；而「欠……債」於《和合本》作「虧欠」；另參 NIV 作 debt)，而這裏的「債」(debt)，也可意譯作「責」(obligation)，意指人有責任去償還其所欠。若以此反照上文十三章 1 至 7 節納税的討論，則納税這種公共見證也可能是某種責任，以表愛人之意。

在羅馬社會中，責任為甚麼重要？在羅馬的世界，「責任」是法律所框定的，是社會的黏著劑。而納税一直是羅馬法律和社會的重要部分，是有悠久歷史的一種社會契約(social contract)，因此它出現在十三章 6 至 7 節並不教人驚訝。鄧肯的研究指出，公元一世紀一份記錄了九條諭令的清單，顯明了權和責是無法分開(且完全對稱)的法律概念。律法列明領袖(例如：皇帝)和人民的責任。領袖要盡其責任(例如提供足夠糧食)讓人民得享權利；人民要盡其責任，帶給領袖尊榮。當雙方皆盡上責任，領袖和追隨者就能夠和諧共處。換句話説，互助互惠(reciprocity)是責任的一種關係性表達(relational expression)，甚至道德上的關係性表達。而且，無論這種互助互惠多麼「不平等」，它還得雙方首肯才成。這一社會契約若要有效且正面地運作，必須建基於某種道德責任或信任。盡責是尊榮的事，縱使是更有權勢的一方也不能輕言破壞當中的互信；而在相對正常的情況下，向政府盡上責任也是尊榮的事。

那麼，在保羅的時代，政府有向人民問責並跟人民互助互惠嗎？保羅身為羅馬公民，應該清楚知悉這事。事實上，保羅撰寫羅馬書時，尼祿無論在公在私，還未變得瘋狂，而羅馬大火亦未發生。保羅沒有在這裏順服的討論中，加上條件子句，這全因政府盡其責任、跟人民互助互惠、願意道德問責和對公眾負責，早已內置於羅馬法律和正常的政經關係中，保羅並不需要贅述這等既定的社會標準。

保羅的責任觀，似乎將羅馬法律，跟上帝公義的原則糅合在一起，而上帝的公義藉著基督的再來而得以揭示。保羅以基督為中心的政府觀，表明政府需要秉行（無論多不完美地）上帝的公義（羅十三 4 ～ 5）。羅馬書的背景指出，基本上順服政府是尊榮的道德責任，但當政府沒有盡其責任，人民不滿亦是必然。元老院成員試圖刺殺尼祿，正是因為尼祿沒有盡其責任。在現代社會中，如有政府任意歪曲法律，以權謀私，把社會大眾恪守的社會規範置諸不顧，也許根本就不符合保羅教導羅馬書十三章時的背景，更遑論甚麼絕對的順服了。

3.3.4.2. 責任層級

上文說過責任是社會的黏著劑，這裏我們再進到一種「責任的層級制」的討論（hierarchy of obligations）。哥林多是保羅撰寫羅馬書的地方，當我們研讀羅馬書十三章，卻鮮少提到這一點。特別是哥林多前書六章1至11節，記載了哥林多信徒彼此告狀，告上法庭，未有先在教會好好解決紛爭（參本書段落3.2）。這裏要指出的是，保羅的政府觀和法庭觀，的確源於某套神學框架，而這套框架跟責任的觀念密不可分。

保羅認為羅馬法庭有責任伸張正義，是社會上應有的現象，而他亦從未否定羅馬法庭的責任。保羅也主張教會有責任在整個社會體制中找到自己的角色。在哥林多的背景底下，透過「責任」的視角來閱讀羅馬書十三章時，我們就會見到一種「責任的層級制」。教會固然認為政府該有其責任，但教會也要認識到自己的角色，要在自身的羣體中持守公義和真理。建基於這樣的責任層級，我們從哥林多的視角來閱讀羅馬書十二至十三章，必然可以見到保羅所提出的終末範式。「親愛的弟兄，不要自己伸冤，寧可讓步，聽憑主怒〔《和修》作『寧可給主的憤怒留地步』〕；因為經上記著：『主說：「伸冤在我，我必報應。」』」（羅十二19）這裏清楚指出了一種極致的終末式公義，而教會有責任彰顯這種公義。「主的憤怒」，即上帝公義的表達方式，應該大大影響教會如何在會眾中間秉行公義，包括判別是非對錯。教會正是處於這種這責任層級之中，要向上帝盡其責任。

從保羅的作品可見，他沒有絕對禁止信徒向政府尋求幫助，亦沒有要求我們絕對順服政府。他旨在闡述一種責任的層級關係。政府能發揮伸張正義的角色，教會也一樣。保羅認為，倘若教會動輒就向政府求助，要麼是教會有意不行公義，要麼是教會真的「無能為力」。這當然不理想，但亦表明了一件事，那就是我們畢竟生活在一個充滿缺陷的世界。保羅認為基督徒的責任不是消除一切張力，而是在這樣的張力之中作見證。而至終政府和教會的掌權者都要向上帝的律法負責。

3.3.4.3. 責任層級中的身分

責任的觀念既建基於層級關係，亦涉及對稱性。層級制令宇宙萬象井然有序，亦讓人找到自己在世界中的身分（identity）。我們已經討論過政府及人民間的互惠關係，現在要談談內在於羅馬書十二章 9 節至十三章 14 節的結構中的層級制度思想。羅馬書這裏的論證結構，完全符合羅馬的責任層級制度。羅馬書十二章寫滿了命令，全都指向「基督的身體」及其見證。因此，十三章關於順服政府的命令，是在基督身體及其見證，以及更重要的是基督身體先要對保羅和上帝盡其責任這樣的背景底下提出的。

保羅這裏的一連串命令，其力度足以表明保羅成了羅馬信徒要盡上責任的對象，因為保羅代表著基督的福音和基督自己。閱讀這些命令時，也要留心十三章 8 至 14 節整段經文都是終末性的。終末論要宣告的，是上帝的國度無論在規模上和年日上都遠超任何人類的國度。這便是保羅的層級思想。若我們把層級制和終末論關聯起來，就會發現保羅這裏的論證是政治性的。很多羅馬人的作品都指出，奧古斯都因著尤利烏斯—克勞第皇朝的帝國統治（即層級制），給羅馬帶來了黃金盛世。

若我們以羅馬社會的層級制度為背景，來解讀保羅的層級思想，會有何發現？羅馬社會層級制度的問題是：有權者有權（甚至不公平地）怪罪於無權者（譬如尼祿後來在羅馬大火一事中將一切歸咎基督的追隨者）。保羅這裏順服政府的教導，在一定程度上必須切合當時層級社會的真實關注。由於羅馬政權當時未有強迫基督的追隨者違背自身的信念操守，信徒最好不要因納稅一事或其他甚麼議題，招來政府的怪罪，危及保羅的宣教工作。

層級制度和責任的其中一個功用，就是塑造一種平衡。這種平衡所締造的和諧感，無須靠武力管治而得。事實上，羅馬人拓土開疆時，對當地原住民是頗為殘暴的；當然，因著他們的尚武文化，也會格外尊重奮力抵抗羅馬的人。但總的來說，羅馬對被侵略的人並不仁慈。不過，羅馬人也會利用責任的架構(法律上和知識上的)，避免流血和兩敗俱傷。

若從羅馬的層級制度來處理羅馬書十二至十三章，我們得到的信息便肯定不止於順服政府，也必然包括「身分認同」的問題。信徒讀到保羅所設定的層級關係——跟上帝的關係、跟政府的關係——會得悉自己的定位，得悉哪裏是其安身立命之處，懂得回答「我是誰？」。這樣，今天我們讀這段經文時，要面對的更重要問題其實是：「甚麼是基督徒？」又或者更直白地問：「甚麼是教會？」

3.3.4.4. 責任的修辭

研讀這段關於責任的經文時，我們很容易只著眼於保羅的命令，而忽略了當中用上的責任修辭(obligation rhetoric)有多深刻、多顛覆。以下筆者會試舉一例，以說明其所蘊含的豐富詮釋可能。筆者雖然不百分百確定這是否符合保羅的修辭目的，但我相信這還是值得探討的。

保羅在十三章 4 節提到作官的「不是空空地佩劍」。很多人純粹以為這是指到司法中的懲處功能。這說對了一部分。但朱偉特(Robert Jewett)的羅馬書註釋卻告訴我們一些有意思的事。[16] 尼祿掌政期間，羅馬承平的觀念取代了殘暴和戰爭的想法。可是，這同一柄公義之劍，始終同時也是殺戮敵人的軍用配劍。拉丁詩人西庫路斯（Titus Calpurnius Siculus）寫下了不少歌頌早期尼祿的詩，在《田園詩》（*Eclogue* 1.50～65）他寫到：「黃金盛世再臨……和平全然來到。抽出的利劍，是何等陌生，她將再次於拉齊奧（Latium；編按：羅馬城的所在地），更新撒頓的國度（Saturn；編按：羅馬神話中的農業之神，代表繁榮與和平，在拉齊奧教導羅馬人耕種），復興努瑪的皇朝（Numa；編按：繼羅慕路斯後作王，在任期間沒有發動任何戰爭）——努瑪首先教導醉心殺戮的敵人何謂和平……」這類歌頌尼祿的修辭十分普遍。朱偉特舉了另一個引自塞內卡的例子：沒有刀劍和殺戮，再次顯示羅馬的敵人已被殲滅，羅馬承平最終在尼祿的時代來到。政府盡上責任，因此配得尊榮。然而，這些修辭不過是宣傳伎倆。

事實上，羅馬的邊陲地帶依然時有衝突；而羅馬的境內亦然——尼祿後來變得瘋瘋癲癲並開始嗜殺之時。而且，羅馬人鍾愛觀看角鬥士（gladiator）決鬥，他們將刀劍廝殺當作娛樂。在羅馬的文化裏，這些正是刀劍的用途。假如作官的帶著配劍，其主要用途就是懲處和爭戰。羅馬的政治修辭嘗試淡化羅馬文化的這一部分。那麼，這種刀劍的政治修辭與責任有甚麼關係？——它表明政府已經盡其責任，帶來和平，止息干戈。如此宣傳「責任」，當然是為了推廣愛國主義和提升大眾對帝國的自豪感。

若從這樣的修辭處境來解讀十三章 4 節，我們將看見保羅乃在直陳政府的暴力角色。保羅好比在說，社會並不太平，政府也沒有如愛國作品所聲稱的，能不費一刀一劍就帶來和平。保羅指出了政府的暴力本質，意欲顛覆流行的愛國宣傳。這並不是因為保羅痛恨羅馬，乃因為他了解社會現實。他直言上帝權柄之偉大，也直言世人權柄之缺陋；即使尼祿掌政之初的所謂最美好的管治時光，亦難言完美。若有時我們並未能體味到保羅對主流價值的大膽顛覆，可能只因我們未能洞明他在其文化中的遣詞用字罷了。

3.3.5. 經文的意思

探討過經文的整體背景後，現在我們看看經文的意思。

3.3.5.1. 羅十三1～2：獨特情境下的順服

> [1] 在上有權柄的，人人當順服他，因為沒有權柄不是出於上帝的。凡掌權的都是上帝所命的。[2] 所以，抗拒掌權的就是抗拒上帝的命；抗拒的必自取刑罰。

十三章 1 節以一道命令開始：「在上有權柄的，人人當順服他。」保羅首先說「人人」(everyone)都當順服掌政者。單數的「人人」標誌著這是個體的責任(individual responsibility)。每個信徒作為獨立個體都要如此。「順服」一詞可以用關身語態(middle voice)來翻譯，即「自己順服」(submit himself)，意即強調自願順服；又或者譯作被動語態「被順服」(be subjected to)，這樣，焦點便是放在信徒作為層級體制中的一員。複數的「有權柄的」(authorities)，意指各類型的管治權力——從政務官員到皇帝本身，指出其官職所賦予的超然地位；而在希臘文中，「有權柄的」意指「能施加控制權」之管治者，有權柄去做某些工作；不過，雖然他們得以行使控制的權力，卻依然是上帝所任命的，故此要順服上帝，伏在祂權柄之下。「因為沒有權柄不是出於上帝的。凡掌權的都是上帝所命的。」(羅十三 1 下)保羅接著在十三章 2 節闡明，抗拒掌權的就是抗拒上帝。「抗拒」一詞是「順服」的相反，那正是保羅論證的邏輯。

這命令適用於普遍情況，還是指涉某一獨特情境？表面看來，這似是一普遍性的講法，只是當我們細讀經文，特別考量其上下文和背景，會發現它是指向某一獨特情境的。正如前文所言，這個獨特情境關乎猶太羣體納稅的問題，即十三章 6 節所指的「納糧」。這是個公共財政問題，即公民向官員納稅，使公義得彰。對照十三章 8 節：「凡事都不可虧欠人，惟有彼此相愛要常以為虧欠，因為愛人的就完全了律法」，當中的責任用語（obligation language），即「虧欠」（責任）等，可能就與「社會責任」（social obligation）有關。相較而言，「納税」這個財政問題，屬於「政治責任」（political obligation），就好比「愛」作為一種「社會責任」一樣。而這正是保羅要指出的。關鍵是税項讓政府官員能履行職責，表彰（雖然是不完全地）上帝的公義。重點是沒有政府能在零資源下運作；沒有政府，就無法有效、有組織地彰顯公義。

這意味著甚麼？保羅這裏用上單數的「人人」，可能要留下一點空間，希望個體憑良知作決定。而對現代基督徒而言，身處的社會有別於羅馬帝國，這些經文對我們自有另一番意義。基督徒首先要明白上帝的公義是怎樣的，並在複雜的政經文化環境中學懂辨識，明白如何才能彰顯上帝的公義，並且有智慧、有勇氣去建立一個公義的社會。我們需要「察驗何為上帝的善良、純全、可喜悦的旨意」（羅十二 2 下），敦促政府按上帝公義的標準行事，特別今天世上仍有很多地方，人的尊嚴和基本權利遭到踐踏，社會充斥著不公不義之事。盲目順服，不一定就是遵從上帝更大的義。假如保羅今天還在，或許這就是他關注的基督徒見證。上帝在終末的公義，正要求我們當下踐行公義。

3.3.5.2. 羅十三3～4：順服的兩個原因

> [3] 作官的原不是叫行善的懼怕，乃是叫作惡的懼怕。你願意不懼怕掌權的嗎？你只要行善，就可得他的稱讚；[4] 因為他是上帝的用人，是與你有益的。你若作惡，卻當懼怕，因為他不是空空地佩劍；他是上帝的用人，是伸冤的，刑罰那作惡的。

研讀十三章 1 至 4 節時，釋經學者注意到，這裏保羅似乎沒有考慮到不義政權出現的可能。這也許反映了保羅當時的個人經驗，也可能反映了他執筆時的社會情境。那麼，在那時的情境下，保羅為甚麼認為基督徒要順服政府？他在十三章 3 至 4 節交代了兩個原因。

首先，保羅從個人倫理來論證。他在十三章 3 節說：「作官的原不是叫行善的懼怕，乃是叫作惡的懼怕。」只有那些作惡的人，而不是行善的人，才要懼怕掌權的。「惡」一字早已在十二章 17 節出現過；在那裏，保羅鼓勵人「不要以惡報惡」。保羅不想我們以為他是一個極端的理想主義者，他深知世界充滿邪惡。他這裏指出，正常的政府不是行惡的，而是要「刑罰那作惡的」。「惡」一字往往譯作「壞」或「邪惡」（原文含不當、錯誤、邪惡之意），它所表述的道德價值，源自猶太人世界觀的是非觀。若是政府行惡，未有懲罰作惡的，那又怎樣？保羅這裏沒有告訴我們。他的沉默，表示這段經文只回答了「基督徒應有多服從政府？」這條問題的一部分。保羅反而在這裏好像提出了基督徒應該順服政府的一個條件：政府是公義的。

接著，保羅在十三章 4 節從上帝設定的藍圖來作出論證：「因為他是上帝的用人，是與你有益的。你若作惡，卻當懼怕，因為他不是空空地佩劍；他是上帝的用人，是伸冤的，刑罰那作惡的。」政府是上帝給人民的「用人」（servant），為人民做好事；這好事包括「刑罰那作惡的」。3 節論到個別的公民要行善：「你只要行善，就可得他的稱讚」，4 節則論到政府要為人民行善。政府是「伸冤」者，「為上帝的憤怒，報應作惡的」（參《和修》），代表著上帝對罪的回應（參羅一 18）。如前節我們所問的問題，假如政府未有好好履行職責，那又怎樣？雖然保羅這裏沒有作進一步交代，但無論如何，他這裏所言説的理想政府，符合了羅馬對責任的法律觀點。政府履行其責任，就會贏到人民的尊重，大得尊榮和威望，皇帝亦然。這幅「不完整」的理想政府藍圖，更意味著一點，就是終究而言，服事上帝是政府責任的重要一環。因此，對基督徒而言，最終的主是上帝，不是政府。

今天這信息對我們有甚麼意涵呢？保羅在十三章 3 節提到「行善」，並非指消極迴避刑罰，溫溫吞吞的平安。在一個以責任為基礎（obligation-based）的社會中，切實「行善」十分重要。換句話說，保羅關乎順服政府的討論，並非一種被動的反應（passive reactivity），而是一種主動的行動（proactive action），要為更廣大的社會求好處。這樣的行動多是眾人皆見的。這就是這段經文的永恆原則，是基督徒公開見證的關鍵。故此，「行善」並非被動和盲目的順服。不過，今天要評估何謂「行善」，哪些政策對大眾有利，確實毫不容易，基督徒若要成為社會的祝福，得必須跟聖經的倫理教導不斷對話，才能養成足夠的批判能力，針砭時政。

3.3.5.3. 羅十三5～7：基督徒的公共見證

> [5] 所以，你們必須順服，不但是因為刑罰，也是因為良心。[6] 你們納糧，也為這個緣故；因他們是上帝的差役，常常特管這事。[7] 凡人所當得的，就給他。當得糧的，給他納糧；當得稅的，給他上稅；當懼怕的，懼怕他；當恭敬的，恭敬他。

保羅在十三章5節先作一小結，才在6至7節交代他所要針對的實際情境。而十三章5節以「所以」開始，表明保羅已經得出了結論。保羅在5節說：「你們必須順服，不但是因為刑罰

〔《和修》作『不但是因上帝的憤怒』〕，也是因為良心。」他總結了順服掌政者的兩個原因：為了刑罰和良心（punishment and conscience）。不過，刑罰（上帝的憤怒）和良心這兩個觀念，如何連繫於 1 至 4 節？這兩個觀念在 5 節中出現的次序，跟 3 節和 4 節出現的次序剛好相反。在 5 節先出現的是「刑罰」，這在十三章 4 節提過（4 節及 5 節先後出現「上帝的憤怒」；參《和修》），那肯定是保羅的一個焦點。後出現的是「良心」，似是 3 節的焦點，那裏保羅論到行善和作惡。保羅的話顯示了信徒的獨特之處。一般人順服，可能出於懼怕刑罰，不會聯想到上帝與當下掌政者的關係；但信徒的順服卻出於「懼怕」，但他們懼怕的不單單是世人，更是上帝。

先提刑罰，再提良心，這樣的次序安排，使重點更容易落在良心上（原文「良心」亦是放到句子末），這從 5 節的「不但是……也是」的修辭結構，亦可見一斑。很多人可能消極地被「懼怕」推動，但積極的動機——「良心」——其實亦同樣重要、甚至更加重要。對保羅而言，良心是說真話的緣由（參羅九 1）；良心是聖靈作工的地方（參羅二 15，九 1），雖無人能見，惟上帝和作決定者得見。人做一件事與否，其動機隱藏在良心之中。當沒有其他人在場，沒有人注視我們之時，良心主導我們如何作抉擇。對保羅來說，順服政府這課題，不止於行動層面的事，它更挑戰我們順服政權的動機——或不順服政府的動機。

保羅在十三章6至7節帶出了他要處理的議題：「納糧」（納稅）。保羅在十三章7節把納稅跟「敬畏」（參《呂譯》;《和合本》作「懼怕」）和「尊榮」（honor；參NIV；《和合本》作「恭敬」）關連起來：「凡人所當得的，就給他。當得糧的，給他納糧；當得稅的，給他上稅；當懼怕的，懼怕他；當恭敬〔尊榮〕的，恭敬〔尊榮〕他。」敬畏和尊榮是羅馬價值體系的責任用語，這些觀念根深柢固。羅馬公民鮮會對這些概念不屑一提，不過保羅在此添加了一個神聖的元素（divine element），叫信徒考慮納稅之時，同時想到神和人的因素，使其行事不用懼怕政府的刑罰，也不用受到良心的譴責。這裏，保羅讓我們見到公共見證是關乎神又關乎人的，但卻是先討上帝喜悅，後才討人喜悅。

3.3.6. 總結

筆者盼望讀者讀完有關羅馬政治制度和保羅身處世界的論述後，會意識到經文與我們之間的距離。這樣，我們便不會再用僵化的眼光解讀羅馬書十三章。

羅馬人的世界是一個層級明確的社會（雖然那時已變得沒那麼專橫暴力）。深入社會肌理的責任制度，加上約束著羅馬人生活的榮辱文化，讓人民有空間非正式地監察和制衡凱撒，減少掌權者權力的濫用；而藉著彼此履行責任（包括掌權者和無權者），社會得以維繫，不致因不公不義而民怨四起。

保羅這裏考慮到教會的公共見證，同時亦借用了標準的責任用語，暗示雙方皆需要盡上責任（無論做得多麼不完美）。這是他寫下這個順服教導的情境。保羅可能想不到這些文字會被後世不諳當時社會背景的詮釋者誤解，甚至帶來種種傷害。很多人亦忽略了這段經文的論證背後，有著更廣闊的經文脈絡，當中強調上帝的權柄勝過一切權柄，以及上帝的大能彰顯於終末和信仰羣體的見證。亦因此至關重要的有兩件事：**教會的公共見證，和上帝絕對的主權**。

論到現代教會的公共見證，有時候，最好的見證可能不是盲目順服。假如順服只是活出公共見證的其中一個途徑，我們就應該聚焦於公共見證而不是當中的途徑。另一個重要議題是上帝的絕對主權。上帝的主權有時候會驅使我們選擇順服，有時候卻可能驅使我們選擇不順服。在羅馬書中，並沒有任何明顯議題（納稅肯定不是）會危及上帝或耶穌的絕對主權，所以保羅叫人順服；一旦出現這樣的衝突，又將如何？那時候，受聖靈感動的良心，以及我們所認識的聖經倫理，將一起引導我們。

4. 監獄書信選讀(一)：歌羅西書

以下三章會轉到監獄書信的討論。值得留意的是，保羅入獄正是因為羅馬的政治。雖然這似乎明顯不過，但不少人仍只顧以這些書卷為一些單單為著靈性好處而寫就的信息。如果我們以為保羅坐牢，純粹因著某形式的「宗教」迫害，便是忽略了監獄書信的由來。而我們在開首處，會先扼要地簡述一下該書信的背景。由於本書非新約導論專著，有關書信作者身分等爭議一切從簡。事實上，即使有人認為這些書信只是由保羅學生所撰，非出於保羅本人，也不礙我們從中捕捉保羅思想的神髓。更為重要的，反而是我們必須明白一點，就是從保羅讀者的視角（perspectives of Paul’s readership），我們可以看到甚麼？

4.1. 監獄書信作者身分等問題

事實上，不少學者認為監獄書信非保羅所寫，但因篇幅所限，對這課題的討論，筆者這裏只能點到即止，帶出一些有助本書討論的要點就是。讀者有興趣的話，可以參考筆者舊作《連於基督走窄路：歌羅西書析讀》（香港：基道，2017），或者嘗試找找已斷版的《以弗所書：得勝有餘》（香港：明道，2010）。另一方面，這裏亦非旨在「護教」或辯道，要麼捍衞保羅的作者身分，要麼就力證那是託名之作。筆者只覺得有必要為本書的討論，就作者身分的問題設下一些基線就是了（baseline）。

4.1.1. 反對保羅作者身分的論據

這裏先略述反對保羅作者身分的論據（詳參《連於基督走窄路：歌羅西書析讀》頁 7 至 12 類似的討論）。首先，監獄書信的行文風格，跟其他公認的保羅著作不大一樣（譬如主題、詞彙、長句結構、頌歌的材料等）。其次，書信中沒有直接引用舊約經文，或沒有出現「如經上所記」的句式。第三，書信沒有長篇的問安語。這些論據同時適用於歌羅西書和以弗所書，而二者有明顯的相似之處——最有可能的解釋是：歌羅西書是另一封供傳閱而篇幅較長的書信的原始版本，而該封供傳閱的書信後來就變成了「以弗所書」，是保羅（或寫信人）替「歌羅西書」添上了好些內容後寫成的。（另參下文段落 4.1.3）

就上述作者身分問題的討論，其實「取樣」（sampling）是最大的問題。通常，人們會拿監獄書信，跟羅馬書和哥林多書信比較，即那些所謂公認的保羅著作。但這做法要面對一個難題：羅馬書和哥林多書信的篇幅要長得多，性質也十分不同。這是重要的問題。也就是說，以這兩封篇幅長得多的書信，對照短得多而措辭不一樣的監獄書信，從而斷定後者的作者並非保羅，真的合理嗎？可知加拉太書篇幅同樣不長，亦同樣包含了一定數量的詞彙是不見於篇幅較長而公認的保羅著作的。事實上，統計數字可以有很不同的解讀方式。就上述的論據，最有可能的結論也許是：我們不能肯定或否定保羅作者身分的問題。此外，「代筆人」的可能性——無論代筆人寫下保羅哪封書信——更有機會模糊了作者身分問題的確定性。歌羅西書四章 18 節的「簽名頁」（「我—保羅親筆問你們安。你們要記念我的捆鎖。願恩惠常與你們同在！」），跟加拉太書六章 11 節的情況相像（「請看我親手寫給你們的字是何等的大呢！」），表明了這裏的筆迹，確然異於前文由代筆人寫下的文字。

4.1.2. 書信中的政治修辭？

另一方面，監獄書信的內容本身，似乎表明「保羅」是被下在監裏的。但當時的實際情況究竟是怎樣的呢？若相信保羅是以弗所書和歌羅西書作者，通常都會認為他是在羅馬受捆鎖時寫下監獄書信，即背景可能正是使徒行傳二十八章。這樣的觀點，吻合使徒行傳中保羅事奉生平的年代記述。而所謂「坐監」、「捆鎖」又是甚麼回事？那大抵是「軟禁」，即保羅給軟禁在家，被凱撒的禁衛軍全天候拘禁著。這些禁衛軍從羅馬邊疆回來休假，從事護衛凱撒和看守囚犯等簡單職務。因著禁衛軍數量龐大，大多時候他們都在放假，而不是真正做些甚麼工作。如果他們得以親近凱撒及其領導高層，替他們辦事，更將獲益匪淺。他們通過替凱撒家服務，可建立起有用的人脈，到來日要謀取政治利益，或在「私營部門」追名逐利，這些人脈便大派用場。當他們拘禁保羅的時候，這些人的「故事」可能會幫助保羅得以近距離了解羅馬世界的政治文化，從而得到啟迪，用上了各等政治修辭。許許多多這樣的禁衛軍都在等待退休，期望兑現真正的利益，實現政治鴻圖。從他們那裏，保羅也可能會聽到凱撒家的流言蜚語，而他們則從保羅口中可能聽到關於上帝國的種種。由於禁衛軍要輪流看守保羅兩年，或多或少有機會從保羅那裏聽到福音，不然，從其他同僚口中也許會聽到保羅的言論。事實上我們該認真看待「捆鎖」這一政治背景。大多數傳道者和解經者只關注保羅如何跟「御營全軍」分享福音，卻鮮有認真考慮到一點，就是他們有可能會反過來啟發了保羅對羅馬政治修辭和隱喻的使用。

4.1.3. 受信人的問題

「受信人」身分的問題，取決於大家如何理解以弗所書一章 1 節。「在以弗所的」(弗一 1)只出現於大約一半最可靠的抄本。更有可能的是，這封信最初送到以弗所教會，用作在小亞細亞教會間傳閱，而不獨獨寫給以弗所教會。推基古(西四 7)，即歌羅西書的帶信人，也必同時帶著以弗所書前去(弗六 21)，吩咐信徒在附近各處教會傳閱以弗所書。這就解釋了為甚麼這兩封信的內容相似，以弗所書卻比歌羅西書長，那是因為前者添上了額外部分，以作周邊地區巡迴傳閱之用。(另參見上文段落 4.1.1)

4.1.4. 腓立比書的作者身分問題

至於腓立比書作者的身分問題，爭議較少。部分原因與腓立比書的特點有關：腓立比書包含了更多保羅處境的描述，也述及他同工身分的細節(腓二 19～30，四 3、21～22)；而書中的句子結構，亦不若以弗所書和歌羅西書的那樣長。就腓立比書而言，真正的問題倒是腓立比書二章6至11節的所謂「基督頌」，這首頌歌的風格的確與慣常不一樣。保羅可能是引用了現存的一首關於耶穌的讚美詩的部分內容，教導讀者屬靈功課（詳參本書段落6.3）。

4.2. 歌羅西和以弗所的世界

要了解歌羅西書和以弗所書的世界，不得不先簡述一下小亞細亞的政治環境。這裏會從以弗所的背景入手，畢竟以弗所是小亞細亞首府，從中可以折射出小亞細亞其他城市的情況。

根據使徒行傳十九章的記載，保羅於公元五十三年建立了以弗所教會，並於公元五十七年再次往訪當地。保羅開展福音工作不久，便隨即跟「亞底米的廟」的民眾起了衝突（徒十九21～41）。他所傳的福音明顯對當地的商業活動帶來負面影響，因為神廟本身發揮著金融機構般的角色。要是愈來愈多人歸信保羅的宗教，會有損以弗所的財政健康。這一點很重要，可知以弗所是小亞細亞的一線城市，亦是小亞細亞最羅馬化的城市。以弗所實質上是怎樣的一個城市？

從地理而言，以弗所位於主要的貿易幹道上。從人口和聲望來說，以弗所就像小亞細亞的羅馬。原因很簡單——這裏提供了許多就業機會。以弗所是宗教氣氛濃厚的地方，矗立著無數廟宇，而這些廟宇成了城市的經濟支柱。從非常現實的層面看，我們可以說，以亞底米神廟為首的一眾廟宇，給以弗所帶來了「拯救」！(salvation；另參下文段落 7.1.4「救主」的討論，頁 225～227)。因此，保羅所傳的福音，除了對以弗所帶來宗教層面的影響，也影響到當地的經濟狀況。

另一方面，由於保羅時代皇帝膜拜和恩庇之風盛行，而以弗所正是帝國影響力輻射出去之地，因此相較其他小亞細亞地區，以弗所人有責任(obligation)要做得更加賣力，加倍奉凱撒為主。以弗所的成就和資源，全仗賴羅馬，以弗所人自然要替羅馬效力。誰給民眾好處，民眾便效力誰。這種地緣政經關係可見諸於歷史上的許多地方。

以弗所的管治結構也值得一提。保羅時代羅馬皇帝從沒有到訪過小亞細亞。事實上皇帝不需要御駕親征，他可以倚靠當地的管治網絡來統治該地區，讓地方官員成為他的代表。這些地方官員深諳本地文化，可以代表羅馬周旋於各等錯綜複雜的問題之中，並居中斡旋。皇帝將權力下放給地方官員，同時確保效忠羅馬的地方官員會得到最大的回報。如此，皇帝對小亞細亞的遙距管治，可說是相當成功的，使得地方和帝國都得到巨大的經濟利益。

以弗所教會由保羅建立，歌羅西教會則由以巴弗建立（西一7）。歌羅西書的背景跟以弗所書相似，只是歌羅西城的優勢有所不及。也許歌羅西書較獨特之處，是書中論到某些騙人的哲學——跟「世上的小學」、禁慾主義和敬拜天使有關（西二8、16～18）。論到敬拜天使，常見的有兩種理解：一、人們像膜拜其他神明那樣去敬拜天使；二、人們仿效天使在天上敬拜那樣，在地上進行敬拜，且相信那是一種更神聖、或更接近天堂的崇拜模式。這兩種常見的理解都是可能的。又也許，崇拜天使的人想從天使那裏得到神聖知識或關於未來的啟示，因為在某些猶太教派的天啟思想中，天使佔有重要地位。又或許，敬拜天使帶有某種異教占卜的影子。保羅也有可能預想到，有某種融合了猶太教與異教思想禮俗的混合主義將會出現。

以上的概述提醒我們，在閱讀以弗所書和歌羅西書之時，要謹記上述的背景。這兩封書信並不是甚麼宗教或神學上的專門述著，也不旨在談論今天的「我們」；這兩封書信是關於「他們」的。而正正是透過理解書信與「他們」的關係，我們才能從中學習有關今天「我們」的事。

接下來我們將會進到歌羅西書和以弗所書的經文，嘗試梳理出保羅在其政治文化處境下，書寫這些書信時他的思想世界如何。我們知道保羅並不是立心撰寫甚麼政治專題論述，他只是運用了他當時的語言來寫作，而基於其時代精神，信中自然蘊含著不同的政治隱喻和意涵。我們會基於他的寫作目的和讀者的需要，探索並檢視他的這些想法。

4.3. 執政掌權：靈界的勢力？

4.3.1. 西一13～16：黑暗的權勢？

> [13] 他救了我們脱離黑暗的權勢，把我們遷到他愛子的國裏；[14] 我們在愛子裏得蒙救贖，罪過得以赦免。
>
> [15] 愛子是那不能看見之上帝的像，
> 是首生的，在一切被造的以先。
> [16] 因為萬有都是靠他造的，
> 無論是天上的，地上的；
> 能看見的，不能看見的；
> 或是有位的，主治的，
> 執政的，掌權的；
> 一概都是藉著他造的，又是為他造的。(西一 13～16)

一心尋找保羅神學中光暗二分對立(dichotomy)的讀者，

歌羅西書一章13至16節的確是十分吸引眼球的。一章13節談到的「黑暗的權勢」，像一股擬人化了的力量，跟「愛子的國度」形成了鮮明對比。而這些話說在書卷的前面部分，就成了下文進一步談論基督超越性的引言。不少人認為一章13節的論述純然是關乎靈界的權勢，是可理解的；但觀乎上下文（特別16節），那卻不一定必然要指向那「不能看見的」。一章15至20節的基督頌歌，論到基督的超越性，祂超乎一切之上，無論是天上的地上的，能看見的不能看見的，祂都超過了；而16節下所說的各等權勢，「有位的，主治的，執政的，掌權的」，同時可指向關乎天上的和地上的，以及同時可指向關乎能看見的和不能看見的（16節上）。但保羅這裏似乎沒有刻意區分這些權勢屬靈界的還是地上的。這當然可以包括靈界的權勢，卻可能不止於此。清楚論到靈界權勢的是二章18節的「敬拜天使」（參上文段落4.2）。在詮釋一章13及16節有關權勢的詞彙時，當然要考慮到靈界的勢力，但與此同時，保羅既將其跟天上的和地上的、能看見的和不能看見的如此關聯起來，似乎表明二者並不互相排斥，也就是說，天上發生的事，也同樣會反映在地上。故此，保羅談論的其實不是二分對立，而是二元混合（dualistic hybrids）。事實上，保羅在書信中似乎沒有對超自然和自然的管治秩序作出斷然的徹底區分。

如果大家對天上的事會反映在地上這種想法有疑惑，可以看看保羅在這封信中的其他表達。在歌羅西書中，保羅會將一些屬天領域的事，描述為已經發生的事，或正在發生的事。譬如上述經文的前文一章 12 節，保羅談到眾聖徒時，形容他們在光明中分享基業。得基業似乎是將來的事，但保羅卻説成是當下的事，因此，保羅是以地上的可見彰顯（visible earthly manifestations）來表達屬天領域（未濟）的事。

4.3.2. 西二10、14～19：權勢的解除？

[10]你們在他裏面也得了豐盛。他是各樣執政掌權者的元首……
[14]又塗抹了在律例上所寫、攻擊我們、有礙於我們的字據，把它撤
去，釘在十字架上。[15]既將一切執政的、掌權的擄來，明顯給眾人
看，就仗著十字架誇勝。

[16]所以，不拘在飲食上，或節期、月朔、安息日都不可讓人
論斷你們。[17]這些原是後事的影兒；那形體卻是基督。[18]不可讓人
因著故意謙虛和敬拜天使，就奪去你們的獎賞。這等人拘泥在所
見過的，隨著自己的慾心，無故地自高自大，[19]不持定元首。全身
既然靠著他，筋節得以相助聯絡，就因上帝大得長進。（西二 10、
14～19）

> [15]基督既將一切執政者、掌權者的權勢解除了，就在凱旋的行列中，將他們公開示眾，仗著十字架誇勝。（西二 15；《和修》）

關於權勢的第二段經文清楚指出某靈界力量正控制著歌羅西一些信徒的行為（見西二 14、16～19）。其實保羅這裏的回應，是對一章 15 至 20 節基督頌歌的進一步說明。二章 10 節提到基督是「各樣執政掌權者的元首」，只是以另一種方式重述一章 16 節對基督的宣稱。然而，保羅在第一章沒有解釋的地方，在二章 15 節便給我們解釋明白了：因為「基督既將一切執政者、掌權者的權勢解除了，就在凱旋的行列中，將他們公開示眾，仗著十字架誇勝」（參《和修》）。保羅在二章 10 節稱基督為「元首」。耶穌是一切被造之物的元首，也是一切執政掌權者的元首。「元首」表明了基督至高無上的權柄，超乎靠祂而立的萬有——包括敵對的權勢（見下文二 15 的解釋），這是十分重要的隱喻。

二章 15 節是十分關鍵的說明。這裏說上帝「將他們公開示眾，仗著十字架誇勝」。關於基督的誇勝，沒有別的，就只因基督「將一切執政者、掌權者的權勢解除了」（《和修》）。「解除」（NIV 作 disarmed〔解除武裝〕；於《和合本》作「將⋯⋯擄來」）是一個軍事隱喻，指到不單單拿掉敵人的武器，更拿掉士兵的盔甲。羅馬軍隊常常都會帶著戰俘的盔甲巡遊，以此羞辱他們，凸顯他們的無權無勢與無助。遠至吟遊詩人荷馬的時代，殺死敵人再奪其盔甲，也是對敵人的最大侮辱。得到盔甲就代表得到尊榮，失去盔甲即代表承受恥辱。在希臘神話中，若然有人的盔甲被奪去，他的同伴有責任（obligation）為他報仇雪恥。所以說，這個「解除」的行動是極具羞辱性的。

這裏提到了十字架，最基本的解釋，是指到耶穌釘十字架這歷史事件。二章 14 節所指的「律例」，意指來自猶太傳統的律法和規條。耶穌釘十字架和律法，正是保羅在歌羅西書二章的基本神學框架。而正是為了捍衛猶太傳統，當時的猶太宗教領袖跟外邦人合謀，定耶穌的罪。可耶穌最終的罪名變成了牌子上寫著的「猶太人的王」，一個跟猶太傳統不大相干的罪名。耶穌釘死在十字架上，顯明了上帝的計劃遠超人間的律法和規條，不論這些律例是猶太人的，還是外邦人的。今天，不少現代的詮釋者會認為那是指到耶穌在十字架上以某種超自然方式戰勝邪惡勢力，但經文事實上可以有更為現實的解讀。

這更為現實的理解必須忠於耶穌釘十字架的歷史細節。只要涉獵一下福音書的綜述，便不難找到有哪些公認的史實（雖然當時福音書還未成書）。最根本的框架包括：本丢彼拉多定了耶穌的罪（太二十六 26；可十五 15；路十九 16；約十九 16），而耶穌的罪名是「猶太人的王」(太二十七37;可十五26;路十九19～22;約十九19)。釘十字架的刑罰通常是施加於政治犯身上的,而彼拉多作為羅馬政府的代表,正是用羅馬法律來定耶穌的罪——聲稱自己是猶太人的王,是背叛羅馬政權的大罪。這正正解釋了耶穌釘十字架時為何有牌子寫著「猶太人的王」。十字架象徵著羅馬的權力遠在耶穌這個政治罪犯之上。從羅馬的角度而言,耶穌是「按法律」受死。

那麼耶穌是怎樣仗著十字架,向一切執政掌權者誇勝?這裏我們先根據羅馬帝國的歷史背景,總結一些重要概念。首先,十字架是羅馬的刑具,用以警告人民,讓他們知道叛亂者的下場。犯人在十字架上痛苦叫喊,慢慢受折磨,所有在場的民眾都能親眼目睹這番可怖的景象。其次,釘十字架是公開宣佈罪狀的方式。十字架上會釘上一個牌子,用三種語言寫明罪狀(猶太人看亞蘭文,羅馬人看拉丁文,帝國東部的民眾看希臘文),確保全國上下都看得懂罪名,知道那是何等重的罪。第三,十字架象徵羅馬司法體制殘暴的一面。犯人在十字架上受盡折磨而死,充分表明了羅馬司法制度的果斷與效率。對早期的信仰羣體來說,十字架並不是某種抽象的神學概念,而是鮮明而並不遠去的歷史記憶。

保羅形容耶穌的行動為「解除(武裝)」(disarm),意味著這些權勢在十字架前是武裝化了起來的。保羅這裏並不是要抨擊所有政權，而是想指責那些變成了不義的武器的政權(即不義地將耶穌釘死在十字架的權勢)。羅馬人一向以帝國的法治為榮，又為自己的司法制度感到自豪。羅馬司法制度下的死刑，顯示了帝國向一切地上的權勢誇勝；十字架代表著帝國的誇勝。然而，耶穌把一切都翻轉了。因著耶穌，十字架提醒世人，救贖可以在羅馬式烏托邦以外找到。因著耶穌，十字架成為另類的宣告，叫人知道羅馬或其他壓迫者所宣判的死亡，並不是終局。耶穌復活後向多人顯現，這行動本身便宣告了羅馬權勢的失敗，這些權勢不能將祂拘禁在墳墓裏。另一方面，也因著耶穌，十字架斥責殘暴的羅馬司法體制之無能。世界誠然需要司法制度，但人間的這些制度無論如何總難言完美，叫人可以全然信賴。耶穌是各樣執政掌權者的元首(西二10)，祂揭露出他們無力掌控世界這一真相(西二15)。耶穌「解除」他們的權勢，「將他們公開示眾」；祂被釘十字架是公開的，祂復活的誇勝也公開展示於人前。耶穌藉著十字架向世界發出呼籲，叫世人忠於祂和愛祂的國。對信主的人而言，向耶穌以外的一切權勢效忠，都是拜偶像。

保羅在被囚之時寫下這一切，可說別具意義。保羅既待在那裏，服膺於羅馬的制度，他卻深信耶穌的十字架勝過羅馬的制度。因此，當我們認為保羅有能力遊走於羅馬的政治制度，但別忘了，他同時認為基督的國度遠超這個讓他遊走的體制。

4.4. 家戶法規：你們有一位主在天上

> 3:18 你們作妻子的，當順服自己的丈夫，這在主裏面是相宜的。19 你們作丈夫的，要愛你們的妻子，不可苦待她們。
>
> 20 你們作兒女的，要凡事聽從父母，因為這是主所喜悅的。21 你們作父親的，不要惹兒女的氣，恐怕他們失了志氣。
>
> 22 你們作僕人的，要凡事聽從你們肉身的主人，不要只在眼前事奉，像是討人喜歡的，總要存心誠實敬畏主。23 無論做甚麼，都要從心裏做，像是給主做的，不是給人做的，24 因你們知道從主那裏必得著基業為賞賜；你們所事奉的乃是主基督。25 那行不義的必受不義的報應；主並不偏待人。4:1 你們作主人的，要公公平平地待僕人，因為知道你們也有一位主在天上。（西三18～四 1）

4.4.1. 經文的脈絡

另一個我們會探討的主題是「家戶」。歌羅西書三章 18 節至四章 1 節這段經文，給基督追隨者寫下了一篇完整的家戶法規（household code）。前文已提過，「家戶」所指的並不單單是一羣有血緣關係的人。家戶是羅馬帝國下的法律實體（legal entity），主導著羅馬人的生活脈動。事實上，羅馬以前的希臘人也同樣視家戶為政治、經濟和社交的社會基礎（Aristotle *Pol.* 1.2）。驟眼看來，保羅這段家戶法規教導，似乎也適用於現代家庭——除了主僕的部分。畢竟現代先進社會的家庭再沒有奴隸。結果，在講道或作教導時，大家便直接跳過主僕這個部分，或者索性將之「轉化」為現代雇傭關係，然後便將其他內容視之為教條般，要大家遵從。不過，筆者認為，這裏有關主僕的講論仍是適切我們的，只是解讀時我們必須從歷史的角度出發。譬如說——也許我們沒有注意到——保羅這大段家戶法規講論，並不是隨意向任何一個家庭說的；他想到的，應該是「奴隸主」，即擁有奴僕的主人，或者更準確地說，是男性奴隸主，也就是羅馬家戶的核心，家戶的一切都圍繞著他這個男主人。比起其他社會角色，保羅似乎更著力要顛覆男性奴隸主的權力地位。我們可以看到保羅有這種傾向。訴諸歷史背景，並不意味著這些教導跟現代信徒無關——事實正好相反，惟有當我們回到經文的處境，才能找到這些教導真確的相關性。故此，我們不要經常急著問：「這些教導如何直接應用在現今的家庭中？」即使看似可以直接應用於今天的部分，如夫妻關係、兩代關係，其實在我們將之奉為某種基督徒倫理規範之前，都應該更深入且細緻地理解其歷史背景和世界觀。

值得留意的是，保羅對家戶法規的整個論述方式，是延續著歌羅西書此前一貫主題的：耶穌是主，而耶穌就像家戶之首。羅馬世界中的家戶乃圍繞著家主——甚乎最大的家主凱撒而建構起來，而一般家主也得在家中壁龕膜拜和尊崇凱撒。不過，保羅在歌羅西書三章 1 至 17 節的教導中沒有叫人以皇帝為首，沒吩咐人在日常家戶的禮祭中尊崇他，而是強調基督的超然地位。保羅在三章 1 至 17 節先給出了一些人際相處的基本原則，呼應一至二章基督超然性的講論，接著才開始這裏家戶法規的討論。換句話說，保羅認為基督的超然性不是一種離地的高深神學，而是在日常生活中有具體指涉的，例如體現在家戶這個主導著帝國日常運作的制度之中。

保羅透過家戶法規的討論，巧妙地描繪出一種全新的權力關係，既不會動搖到家戶制度，卻能移風易俗，為羅馬世界的社會傳統帶來改變。按一般羅馬家戶的習慣，膜拜凱撒是生活的一部分，保羅對此保持緘默，並在幾種人際關係的討論中，暗示出一種創新的權力見解——以基督為中心，大大不同於以男家主中心的羅馬家戶。

4.4.2. 以基督為主帶來的關係轉化

這裏會概述保羅的家戶教導，有些面向則會於下文以弗所書的家中討論中再行補充。保羅歌羅西書的家戶法規記述，比以弗所書的簡短。而保羅家戶的講論和吩咐，均以社會地位較低那一方作開始。

4.4.2.1. 西三18～19：轉化夫妻的權力關係

對妻子而言，「當順服自己的丈夫」，大概跟當時的社會傳統相去不遠，然而，保羅加上了以下的倫理指導原則：這在主裏面是相宜的(西三 18 下)，意即終究來説耶穌基督才是最高的主人。當時的婚姻多半是包辦婚姻，講究門當戶對，人們通常會跟社會地位相若者通婚。對於上層社會的有錢人，包辦婚姻通常都關係到兩家人的金錢利益和社會資本。然而，三章 19 節告訴我們，擁有較高社會地位的丈夫，「不可苦待」妻子，反要愛她們，因為權力愈大，責任也愈大。權力確實容易誘使人苦待別人。以基督為中心的婚姻可以對社會帶來正面影響。正如前文所述，若果保羅的話是衝著男性奴隸主説的，那麼他便是指到那一羣有能力在婚姻以外尋花問柳的男人而言。「情婦」是當時的一個社會問題，尤其在有錢人當中，情況更失控得連奧古斯都也要立法禁止通姦(因為當中更牽涉到繼承權等實際政經法律等問題），可是問題始終難以根治，故此，要解決男人追求姻外性滿足的問題，最快捷的方法便是找妓女。與現代社會不同，在當時的社會這樣的事可說是社會規範（social norm），絕不會招來非議。在這樣的背景底下，保羅對男性奴隸主的教導是顛覆性和轉化性的。

4.4.2.2. 西三20～21：轉化兩代的權力關係

三章20節吩咐「作兒女的，要凡事聽從父母」，再一次，這其實也是猶太和羅馬社會的習俗。然而，三章21節叫父親關心孩子的感受：「不要惹兒女的氣，恐怕他們失了志氣」，倒是打破了父親在羅馬家戶的傳統角色。在羅馬世界，婚姻的其中一個主要目標就是為了生育，透過孩子光耀門楣。雖然保羅這些話是衝著父親說的，但他並不是只想改變父親，他更希望轉化整個婚姻的目的。教養孩子並不是以家戶榮耀為是，而應該以健康的兩代關係為先。「不要惹兒女的氣」，預設了父親要跟下一代有實在的接觸和溝通，並知道哪些行為會令孩子失了志氣。這應該特別指孩子成年之前的那段時間（成年指約十六歲至二十出頭）。當時許多家戶都會為孩子舉行成人禮，譬如將家傳護身符交給兒子，或者讓兒子接受第一次剃鬍子。這樣的教導也不必延伸應用在現代社會的成年子女身上。在當時的羅馬世界，作為顯赫的家戶之首,男主人通常沒有時間或精神去處理孩子的事,這責任會落在妻子身上。保羅這裏卻將責任交給父親,並不是因為他認為母親不需要照顧孩子,而是因為母親「已經」在照顧孩子。在有錢人的家戶中,孩子甚至會由奴隸來照顧,父母均不需要親自照顧孩子。然而,保羅教導父親要學習如何做母親、甚至做一些奴隸做的事。這樣看來,作父親的要捨棄他身為男性家主的部分特權,而有分於孩子的生命成長。

4.4.2.3. 西三22～四1:轉化主僕的權力關係

三章 22 節至四章 1 節談到最後一種關係,就是家戶中僕人(奴隸)與主人的關係。這裏告訴我們,奴僕身為信主的人該有何責任。整段經文都以「主」來描述耶穌,同時三章 22 節和四章 1 節也用「主」來形容「主人」:三章 22 節形容主人為「肉身的主人」,意味著有另一位更重要的「主」,那就是耶穌,而且祂主人的身分更不止於肉身,而是一切的主。這樣的描述亦非常吻合歌羅西書一貫的主題——耶穌的全權(Jesus' sovereignty)。經文要指出的是,奴僕在世上工作,雖是在服事肉身的主人,但他們其實背負著更重大的召命,就是要以工作來服事耶穌這位天上的主人。為何保羅這裏要花這麼多篇幅去討論這些事?這有可能是因為阿尼西謀偷了腓利門的東西,逃至羅馬,於路上遇見保羅(參西四 9;門 18 節)。無論如何,保羅説到奴僕要聽從主人,亦是當時慣常的做法;不尋常的倒是奴僕原來是有屬天的呼召,要去服事耶穌的。

另一方面,保羅這裏並未談及奴隸被迫作性奴的問題——無論是要滿足主人的性慾,還是被迫服事其他男人——這多少教人感到有點意外。我們不知道原因,而迄今我們手頭也只有這些資料。也許四章 1 節所指的,就是主人不應迫奴隸作性奴,因為信主的主人如今要向一位更高的主交代:「你們作主人的,要公公平平地待僕人,因為知道你們也有一位主在天上。」(西四 1)羅馬法律視奴隸為財產,而這些財產是可以隨意拋棄,而無需顧慮公平與否的。當這裏提到主人要公正地對待僕人,主人就得想方設法,務求理出在羅馬司法制度下怎樣做才算公平。如此,主人對待奴隸時,要以對方為有血有肉的人視之,而且奴僕再也不只是他的財產。

保羅這裏花在討論主人的篇幅雖然不多,但不忘説到主人也有一位在天上的主人。主人既要服從主耶穌,就意味著主人最終服膺的對象,並不是凱撒或其他地位比他高的人。耶穌仍然是主。主人要做的,就是活出自己的所信,好好見證那位他服事的主,讓其他人也經驗到信仰的實在。就算放在今天,如何好好運用權力,也是見證福音的契機呢——不過也要當心不要讓這成為危機。

值得留意的是,保羅被軟禁,由守衛全天候二十四小時看守(腓一 12 ~ 14),結果御營全軍卻因此得聞福音。大家不要忘記,這些守衛是服務凱撒家的,而保羅被囚於羅馬凱撒的皇宮附近。這樣,家戶的隱喻便有著全新的顛覆性意義了:掌握大權的是凱撒家嗎?保羅並不這樣認為!

4.5. 聖殿隱喻:遵祂而行,生根建造

> [6]你們既然接受了主基督耶穌,就當遵他而行,[7]在他裏面生根建造,信心堅固,正如你們所領的教訓,感謝的心也更增長了。(西二 6 ~ 7)

> [6]既然你們接受了主基督耶穌,就要靠著他而生活,[7]照著你們所領受的教導,在他裏面生根建造,信心堅固,充滿著感謝的心。(西二 6 ~ 7;《和修》)

> [6]所以,你們既然接受基督耶穌為主,就應當在他裏面行事〔「在他裏面行事」直譯作「行在他裏面」〕,[7]也就是在他裏面扎根、被建造,在信仰(就是你們所受的教導)上得以堅固,滿心感謝。(西二 6 ~ 7;《新漢語》)

4.5.1. 建築物的隱喻

歌羅西書二章6至7節隱含了「聖殿」的隱喻。這個隱喻也會在下文以弗所書的相關部分中加以探討（參下文段落5.4），故這裏只針對這段經文的處境脈絡加以解釋。二章7節的「在他裏面生根建造」，「生根」的講法看上去似是植物的隱喻，因此有些釋經者會認為這裏是將植物（「生根」）和建築物（「建造」）兩種隱喻，混合起來一起使用。保羅當然可以使用混合的隱喻（mixed metaphor），只要能達到其修辭目的便行，而事實上當時的讀者對這類意象亦非常熟悉。筆者並不排除混合隱喻的可能性，但個人還是傾向不要將問題弄得太複雜。我認為保羅這裏大概主要還是在使用「建築物的隱喻」，不過在描述立定根基時，用上了植物隱喻「生根」的講法。

4.5.2. 羣體持續的信仰實踐

經文中最主要的吩咐是二章6節的「遵他而行」。「遵他而行」原文為「行在他裏面」（見《新漢語》二章6節原文直譯註）。保羅這裏的意思是說，人既然接受了主，便要「靠著他而生活」（參《和修》），叫我們的生活方式，符合上帝在道德、倫理和實踐上所給定的方向。這裏「遵他而行」中的動詞是一個眾數動詞，也就是說，保羅這裏是向整個信仰羣體說話，期望他們的生活方式和行事為人,能見證他們是在基督裏的,是靠主而行的。保羅之後在歌羅西書三章便仔細描述了信徒應該表現出怎樣的羣體文化。這裏我們明白這個建築物隱喻是跟「羣體的信仰實踐」有關便行。

二章 7 節有兩個重要的分詞:「生根」和「建造」。「生根」的原文是完成時態(perfect tense),指事情已經發生,但同時也指到這已發生的事有後續的結果。「建造」一詞原文卻是現在式,表明那是「生根」之後發生的事,而「建造」的工程更是持續進行的,甚至保羅寫信給歌羅西教會的當下,也仍然在繼續。換句話說,保羅認為建築的根基已然立定,如今信仰羣體要好好在其上建造,靠著主讓信心得到堅固(二 7 下)。

4.5.3. 有機的新聖殿

我們怎樣知道這個建築物的隱喻是指涉到聖殿,而不是指著隨便的一座建築物?一來保羅說話中充滿了宗教詞彙,二來需要如此計劃周延地打好地基、甚至立下基樁的,大概是公共建築,故此保羅談的多不是普通的樓房。在保羅時代,最符合這描述的公共建築,大抵就只有聖殿了。當我們稍後研讀以弗所書的相關經文時,會更明顯見到這裏的隱喻是指到聖殿而言,而以弗所書相關經文的聖殿用語,亦更為明確。

當我們將這建築的隱喻放到歌羅西的處境中，會看到一些饒有意思的事。由於歌羅西城不受羅馬青睞，此城的景況已無復波斯帝國時期鼎盛。在保羅時代老底嘉已超越了歌羅西，比後者更繁榮興盛。此外，歌羅西的建築物因附近地區地震，進一步受到破壞。在這樣的一個城市光輝不再的年頭裏，歌羅西人可以選擇繼續耽湎於往日的輝煌，也可以好好審視今日在基督裏的地位。於此，教會這個有機的新聖殿（organic temple）便可以成為新生力量的象徵，而其力量不再通過建築物來彰顯——人太容易只從外表的輝煌來衡量、甚至尋找成就——而是顯明在信仰羣體轉化的生命之中。環境雖然蕭殺，民生雖然凋敝，但歌羅西教會卻可以成為世人的盼望，照亮四方；而他們所依靠的，乃基督超越一切的主權——以及信徒的好行為。藉著福音的大能，這裏保羅給我們描繪出一個截然不同的另類世界版本。

5. 監獄書信選讀(二)：以弗所書

5.1. 國民以外：如今已經得親近了

[12]那時，你們與基督無關，在以色列國民以外，在所應許的諸約
上是局外人，並且活在世上沒有指望，沒有上帝。[13]你們從前遠
離上帝的人，如今卻在基督耶穌裏，靠著他的血，已經得親近了。
（弗二 12～13）

[12] remember that at that time you were separate from Christ,
excluded from citizenship in Israel and foreigners to the covenants
of the promise, without hope and without God in the world. [13] But
now in Christ Jesus you who once were far away have been brought
near by the blood of Christ. (Eph 2:12～13, NIV)

5.1.1. 地理隱喻：由遠離到親近

接著我們來到以弗所書。監獄書信提到公民身分（citizenship），可見於以弗所書二章12節（參見NIV；另參《呂譯》作「公民團契」）。保羅這些話是對外邦信徒說的，一方面他們對以色列人歷史多少都應該有點認識，另一方面他們亦應該熟知羅馬公民身分的問題。接著保羅在二章13節用上了「地理隱喻」（geographical metaphors）來表達信徒在基督裏的新身分。

外邦人原本與所應許的諸約無關，與選民的國民身分隔絕。這選民的身分是以色列人獨有的，這身分將他們跟外邦人分別開來，而且這種身分表述也是政治性的。這情況在以色列人的歷史上一直不變——直到耶穌的到來。這種悠遠流長的歷史經驗，也解釋了保羅為何會用上「諸約」這樣的眾數字眼。以色列人及其公民身分，具體而言，是怎樣做到叫外邦人遠離？又怎樣在諸約上叫外邦人成為局外人？

回顧歷史，以色列人作為上帝的選民，扮演著見證人的獨特角色，跟四周的異教文化抗衡。到了南國猶大覆亡，他們開始流徙，散居於地中海一帶；然而，即便如此，他們在大多數情況下，還是跟四周文化保持距離，維持著自己的一套獨有生活方式，而這些生活方式可能跟管治他們的外邦人的文化，大相矛盾。也就是說，縱使外邦人跟他們彼此為鄰，地理上靠近，但諸約及公民身分的福分,卻仍然遠離外邦人。許多猶太男性都受過割禮(參弗二 11),擁有立約的記號,單這一點,外邦人已不易逾越。若非保羅傳講一個白白的福音,大部分外邦人應該還是無法領受。

5.1.2. 「新社會」的公開見證

成為「以色列國民」,擁有公民身分,代表從前遠離的,如今得親近。「靠著他的血」(13 節)表明這公民身分是建基於基督寶血所成就的約。雖然保羅這裏沒有明顯用上立約的語言(covenantal language;例如「立約的血」、「血所立的新約」等;參太二十六 26 ~ 30;可十四 22 ~ 26;路二十二 15 ~ 20;林前十一 23 ~ 25),來描述基督的血,但他卻明顯以基督代表這個約。對以弗所人而言,以弗所城是小亞細亞之光,然而也不是每個以弗所人都能享有羅馬公民的身分。他們明白到,要得到這身分,甚至是要付代價的。保羅這裏卻告訴信徒,稱為教會的這個由上帝新的子民所組成的新社會,給大家指出了一種截然不同的新制度。這個全新的公民身分,是白白賜給外邦人的,無需代價,不用受割禮,也不用甚麼儀式;不過,這並不代表那是廉價的 —— 只是一切由基督的血償付了!接下來以弗所書三章,便描述上帝如何差遣保羅向外邦人傳福音,建立祂的這個全新社會。

保羅提醒以弗所信徒毋忘自己的身分，並在這個全新的社會中活出這個身分，且是公開地、可見地見證基督，而非私下地、隱匿地作見證。

保羅這裏的教導，無疑帶有一定的宗教辯論色彩——促使人不參與其他宗教禮俗——這是以弗所信徒不能迴避的問題。不過，我們要注意，雖然保羅對外邦宗教很有自己的想法，但他說這些話不是為了公開辯道，對外攻擊其他宗教，而是一心想對內堅固信徒。他只是向基督的追隨者分享這些話。使徒行傳保羅的大部分講道，皆沒有把重心放在分析異教的錯謬，而是把焦點放在基督復活的獨一無二。保羅寫信給以弗所信徒，稱他們從前「沒有神」(12 節)。但事實是外邦人都會信奉某類神明，在保羅的世界中，無神論非常罕聞。那麼，保羅為何說以弗所人從前「沒有神」? 他大抵是指他們所拜的並不是真神，所以他們是「沒有神」的。這是非常大膽的講法，因為古代世界七大奇迹之一的亞底米神廟，正正坐落在以弗所(參徒十九 21～41)，其面積比現今的足球場還要大，而且神廟更是城市的經濟支柱。那不是「神」是甚麼？保羅竟對此視若無睹？以弗所信徒不能妥協，也沒有妥協的餘地。

在保羅時代，要公開地、可見地見證信仰，是很現實的一件事。如前所述，信仰羣體不會參與敬奉凱撒或異教神明的公眾禮祭。也就是說，以弗所信徒會杯葛這些公眾活動。當有人問起原由，他們再不可以推搪說自己屬猶太教一員，而要說明他們是在信奉一個多方面都跟猶太教相似的教派(sect)，並追隨一位名為耶穌的死囚。我們今天實難以體會這樣的公開見證，在當時是多麼奇怪的一件事。然而，保羅提醒他們要這樣做。這會令他們成為社會裏的異類，輕則承受奇異的目光，重則有可能因拒絕膜拜凱撒或異教神明，丟失跟其相關的一切商業往還和機遇。

我們看到，保羅這裏倡議的，不是那種屬天既蒙福，屬地也成功的觀念，教基督的追隨者遊刃於天地之間，無往而不利。他所倡議的，只是向上帝盡忠。我們也不要忘記，保羅之所以有權上告於凱撒，是因他擁有羅馬公民身分；然而，保羅所重視和優先考慮的，是他在基督裏的屬天公民身分——而且他不是孤身一人如此，所有耶穌追隨者也與他同走一道。正正因為保羅追隨耶穌，他前往羅馬；但這趟旅程不只是為了還自己清白，更是為了見證他在基督裏的新身分。這個從前在猶太教中以極力逼迫殘害教會聞名的人，如今以基督使者的身分廣為猶太人所知。來到這一刻，保羅想羅馬人也知道他這個新的身分。他要見證這個公民身分，便要向人述說他所親眼見證過的，也就是出現在自己身上翻天覆地的轉變。

5.2. 空中權勢：天空的屬靈爭戰？

5.2.1. 弗一21～23，二2：屬天與屬地？

[1:21] 遠超過一切執政的、掌權的、有能的、主治的，和一切有名的；不但是今世的，連來世的也都超過了。[22] 又將萬有服在他的腳下，使他為教會作萬有之首。[23] 教會是他的身體，是那充滿萬有者所充滿的……[2:2] 那時，你們在其中行事為人，隨從今世的風俗，順服空中掌權者的首領，就是現今在悖逆之子心中運行的邪靈。（弗一 21～23，二 2）

5.2.1.1. 經文的脈絡

以弗所書一章 21 至 23 節和二章 2 節這兩段經文的位置十分接近，互為上下文，這裏可以併在一起來閱讀。一章 21 至 23 節這段經文，位處以弗所書開首部分，是一章 15 至 23 節這個大段落的一部分。而這個大段落之前，則是那一句充滿基督論色彩的有名長句（一 3 ～ 10）。這段經文原文是一句長句子，在這長句中，保羅盡情地頌讚耶穌基督，讚美祂是主，讚美祂在父面前的權柄，又認信耶穌本身同樣是創造的主。這長句亦成了以弗所書的根基，其中對耶穌絕對超然性（absolute supremacy）的神學表述,帶出了保羅這卷書往後的重要論點。

保羅一章 21 至 23 節講論的行文邏輯,始自基督超越死亡:「就是照他在基督身上所運行的大能大力,使他從死裏復活,叫他在天上坐在自己的右邊」(一 20)。首先,保羅將其理據建立在以弗所信徒都接受的共識之上,就是基督「從死裏復活」這歷史事件。基督得勝死亡。保羅所傳講的關乎基督超然性之福音,正是建基於耶穌的復活。接著,保羅可能是引用了會堂和基督追隨者會在敬拜時吟誦的一篇詩篇,建立他的論述。保羅説上帝叫大衞家的君王(Davidic king)坐在祂自己右邊,很可能來自詩篇一百一十篇 1 節的圖畫:「耶和華對我主説:你坐在我的右邊,等我使你仇敵作你的腳凳」,那是詩人慶祝大衞家君王登基的敍述。不過,我們要留意一點,保羅這裏所描繪的耶穌,雖是如此超然於現世(otherworldly),但眾信徒由始至終仍然是有分於上帝的偉大計劃的,而這早於一章 4 節更已開始明示:「就如上帝從創立世界以前,在基督裏揀選了我們,使我們在他面前成為聖潔,無有瑕疵⋯⋯」這種兩層宇宙觀(two-tier universe)混合著天與地,將屬天屬地全然融合起來,叫耶穌的追隨者明白到自己所要做的,是經歷和彰顯耶穌的超然性。

5.2.1.2. 天與地？

來到一章 21 節，我們看到了一些前文提及過的跟權勢有關的詞彙。對如何詮釋這些詞，大體可分成兩派：一派認為應該按日常的使用方式來理解之，即那是指著地上的政治權勢而言；另一派則認為這裏是指到靈界的勢力／天使等，即靈界領域也有著某種跟地上政治結構相似的權力結構。保羅筆下的兩層宇宙觀，即地上的權勢，反映著屬天的權勢，可能會驅使我們同時接受、並糅合以上兩種詮釋進路。也許，對保羅而言，屬天的領域會影響地上的事情，地上的權勢可反映屬天的世界。這裏保羅要說的可能是：雖然世事如常運轉，一切似未變改，但不要忘記，屬天的一切仍伏在耶穌主權之下！

5.2.1.3. 今世與來世？

此外，又有不少人會以「三層宇宙觀」（three-tier universe）來解讀這些話，即包括天上、地上，以及天地之間的空間（指古人宇宙觀的「穹蒼」〔firmament〕，也為天使或鬼魔等靈界存有〔spiritual beings〕之所在）。但無論這裏的宇宙觀是兩層還是三層，保羅是從救恩歷史（salvation history）的角度來思考這一切的（弗一 21，二 2）——即「今世」（this age；一 21，二 2）和「來世」（the age to come；二 2）。論到今世和來世，通常我們都會將今世的價值體系，跟上帝的價值體系作出比較(參二 1 ～ 22)。倘若人在今世按上帝的價值觀生活，就是活出了來世的樣式。而保羅以之對比從前「死在過犯罪惡之中」的生活，那時受盡空中權勢與國度的影響，「順服空中掌權者的首領」(二 1 ～ 2)。地上的過犯罪惡，原來跟見不到的屬天現實相關(heavenly unseen reality)。保羅隨即以今世在基督裏的生命作出對照。他更指出一點，就是在基督裏的生命，並不是單單透過地上的實存(earthly existence)來活出，更是透過信徒羣體來體現的，也就是「與基督耶穌一同復活，一同坐在天上」的羣體(二 6)。這裏的「天上」不是指向將來的事，而是指到今世的事。雖然救恩歷史包含著將來的向度(future dimension)，但對將來的盼望卻可見於今天教會的見證。也就是說，保羅同時關注見得到的和見不到的兩個世界，關切兩者於此時此地如何相互影響。見不到的將來，反映在見得到的現在。

5.2.2. 弗三10：一齣宇宙性的戲劇

> [7]我作了這福音的執事，是照上帝的恩賜，這恩賜是照他運行的大能賜給我的。[8]我本來比眾聖徒中最小的還小，然而他還賜我這恩典，叫我把基督那測不透的豐富傳給外邦人，[9]又使眾人都明白，

這歷代以來隱藏在創造萬物之上帝裏的奧祕是如何安排的，[10]為要藉著教會使天上執政的、掌權的，現在得知上帝百般的智慧。[11]這是照上帝從萬世以前，在我們主基督耶穌裏所定的旨意。[12]我們因信耶穌，就在他裏面放膽無懼，篤信不疑地來到上帝面前。[13]所以，我求你們不要因我為你們所受的患難喪膽，這原是你們的榮耀。（弗三 7～13）

5.2.2.1. 經文的脈絡

以弗所書三章記載了保羅奉差遣向外邦人傳福音的事奉及其影響，這部分解釋了二章末 22 節提到的教會成長：「你們也靠他同被建造，成為上帝藉著聖靈居住的所在。」以弗所書一章和二章主要講述上帝過去所行的大事，三章及以後的章節，則展望著更大的發展與成長，但那不僅是人數上的增長，更是上帝在祂子民中行更大的事。保羅就是在這滿心期待的脈絡下寫就這些說話。我們也發現以弗所書三章與歌羅西書一章 23 至 29 節有許多平行之處，而後者記載了保羅向歌羅西教會的自我介紹，因為歌羅西教會會眾乃由保羅的門徒以巴弗帶領歸主。歌羅西書一章 23 至 29 節的調子十分積極，充滿鼓勵性，而保羅以弗所書這裏的話同樣鼓舞人心，顯示收信人需要鼓勵，在社會踐行上帝的計劃。

5.2.2.2. 上帝百般的智慧

保羅在以弗所書三章 7 至 9 節描述到,上帝的計劃先從他開始,然後交棒給以弗所教會,並藉著教會,使天上的權勢——執政的、掌權的——得知上帝百般的智慧,看到上帝全新的計劃(弗三 10～12;特別 10 節),而以弗所教會可以靠著耶穌基督坦然無懼地來到上帝面前(三 12;另參《新漢語》)。我們之前已經說過,這種關乎權勢的詞彙可以指涉地上,又可以指向屬天領域的政治結構,然而三章 10 節卻似乎明確地單指向天上的權勢。靠著耶穌基督可以坦然無懼地來到上帝面前,放到保羅當時的社會,究竟有何意涵?在保羅時代,神祕宗教的信眾要透過祭祀或成為會員,才能加入成為當中一分子,那是沒有免費午餐的;然而,三章 12 節卻告訴我們可以「放膽無懼」、無條件地來到上帝面前(參 NIV:“approach God with freedom and confidence”)。如此,保羅的福音顛覆了小亞細亞的宗教結構。正如在本書背景部分的討論所言,在小亞細亞,宗教和政治經濟關係密切;跟宗教有關的一切,都會有一定程度的政經意涵。回顧保羅第一次到以弗所宣教,也正是他所傳的福音引起了亞底米神廟的危機事件,動搖了以弗所整個政治及經濟體系。

試想像,保羅並不是政治家,也不是手握大權的軍事領袖;試想像,基督教當時甚至還未成為一種獨立的宗教;然而,他的福音的影響卻遍及全城。對某些人而言，這帶來了正面的影響；對另一些人而言，這卻是打亂了整個權力結構。身懸十架的主之力弱無能（powerlessness），竟以出人意表的方式勝過（overpowered）其時的政經結構。這尤如對所有其他權勢宣告，擁有真正權力的並不是他們，而是那位身懸十架的無能者（powerless crucified man）。

5.2.2.3. 宇宙性的政治劇

而且，於保羅眼中，這遠不止於表面上的政治運動，更是一齣要讓全宇宙看得見的社會政治劇（弗三 10～12），向天上地下一切所有展示福音的得勝，而教會正適逢其會，有分其中，這也是為甚麼保羅叫以弗所教會不要喪膽的原因（13 節），因為當他們成為一體，見證基督，便會曉得有比這一切權勢、比羅馬帝國更強大的，正在出現（弗三 13～四 16）。

5.2.3. 弗六11～12：與權勢爭戰？

> [11] 要穿戴上帝所賜的全副軍裝，就能抵擋魔鬼的詭計。[12] 因我們並不是與屬血氣的爭戰，乃是與那些執政的、掌權的、管轄這幽暗世界的，以及天空屬靈氣的惡魔爭戰。（弗六 11～12）

5.2.3.1. 經文的脈絡

以弗所書六章 11 至 12 節的上文是有關家戶法規的討論(下一節將再行討論這課題),這裏接續類似的主題自然不過,若是如此,這裏其實要說的,便是如何去維持一個榮耀基督的家戶了(Christ-honoring household)。目前我們所知道的,就是這家戶法規很具體,而保羅時代的信徒皆會努力持守,以表達他們對主耶穌的忠誠。

就下文而言,六章 11 至 12 節則開啟了一段為人所熟悉的「屬靈爭戰」篇章(弗六 13～20)。今天,不少基督徒愛用六章 11 至 12 節這兩節經文來支持好些千奇百怪的屬靈踐行——雖然經文並未有這些意思。這裏保羅說到上帝子民要抵擋魔鬼的詭計,但爭戰的對象並非「屬血氣的」,乃是管轄這幽暗世界的,以及天空屬靈氣的惡魔。但流行的講法卻變成了保羅要我們用「屬靈」的武器來擊退魔鬼及邪靈。

5.2.3.2. 真正的敵人

如前所述,這種天與地的二元宇宙觀(heaven-earth duality),不是指向甚麼神怪現象,而是指到地上的情勢,反映著屬天的真實(heavenly reality)。上帝的創造是有秩序的,而地上的社會政治架構亦然。屬血氣的人代表了地上的結構。換句話說,保羅這裏之所以要說這場爭戰不是與屬血氣的開打，正正反映了一點，就是在現實中教會的確曾經跟屬血氣的進行爭戰。「屬血氣的」直譯為「血與肉」(參《和修》、《新漢語》作「有血有肉的人」)，指著「有血肉之軀」的人類(參來二 14)。所有人都有血肉之軀，有血有肉，屬乎血氣；人類有血有肉的實相，很容易被誤認為是我們真正的爭戰對手，因為他們身上反映出我們真正敵人的某些實相。這些屬血氣的，具體又真實地代表了天上的仇敵，而這正正是以弗所信徒在地上所經驗到的敵對勢力。而保羅傳講他那個顛覆地上主流價值的福音之時，他所面對的抵擋，不就是地上的宗教和政經權勢嗎？若在這樣的背景下閱讀這段經文，這個「天地類比」(heaven-earth analogy)是從實踐和經驗層面來理解，而非從抽象層面來解讀的。

5.2.3.3. 抵擋的方法：信徒羣體的生活見證

那麼以弗所信徒到底該怎樣做？他們該用地上的方法來抵擋地上敵人的攻擊嗎？還是訴諸一些神怪甚至迷信的方法，好對抗人間結構背後的天上(邪惡)權勢？譬如邊走邊唱誦魔法咒語般的公式口號，還是發動強力的爭戰禱告？事實上，今天某些人鼓吹的某些做法，更像保羅時代的異教法術，而不像基督教所發源的當時代的猶太教踐行。保羅認為要抵擋這些權勢，所靠的不是武力或法術，而是信徒羣體的生活見證。

我在別的著作寫過有關六章 13 至 20 節「屬靈軍裝」的解釋，這裏就不贅(希望將來有機會修訂前作再行出版)。這裏只稍作小結，點出保羅希望以弗所信徒怎樣回應所謂的「屬靈爭戰」。我們要留心的是，以弗所書六章 10 節及以下，保羅都是對眾數的「你們」說話。然而，這裏的「軍裝」卻是單數的(11、13 節)。這就是說，整個教會羣體要一起培養出某些特質，為主作活生生的見證！筆者認為以弗所書這裏的引典——以賽亞書五十九章，是筆者這個詮釋的其中一個支持。事實上，不是每個詮釋以弗所書六章的人，都會指出那是受到以賽亞書五十九章啟發的。但兩段經文的用詞相當接近。以賽亞書五十九章 15 節下至 20 節談到上帝穿上「軍裝」，拯救祂的子民。以賽亞書是新約引用得最多的書卷之一，在猶太人和歸信猶太教的外邦人中都廣為人識，而保羅自己就經常引用以賽亞書，故此我相信以弗所信仰羣體亦應該能夠明白以及聯想到這引典背後的用意。下面我們一起看看以賽亞書五十九章 15 節下至 20 節：

15下 那時，耶和華看見沒有公平，

甚不喜悅。

16 他見無人拯救，

無人代求，甚為詫異，
就用自己的膀臂施行拯救，
以公義扶持自己。
[17] 他以公義為鎧甲，
以拯救為頭盔，
以報仇為衣服，
以熱心為外袍。
[18] 他必按人的行為施報，
惱怒他的敵人，
報復他的仇敵，
向眾海島施行報應。
[19] 如此，人從日落之處必敬畏耶和華的名，
從日出之地也必敬畏他的榮耀；
因為仇敵好像急流的河水沖來，
是耶和華之氣所驅逐的。
[20] 必有一位救贖主來到錫安——
雅各族中轉離過犯的人那裏。
這是耶和華説的。

經文論到上帝穿起了祂的軍裝，向仇敵施報，向所有的不義

宣告祂的威榮。「日落之處」(或「西邊」；參其他英譯本)在希伯來文中，通常用來形容一個很遠的地方，因為以色列人進行貿易的路線，通常位處東方「日出之地」。在以賽亞時代，位於「日落之處」的就是外邦人，而「日落之處」也是希伯來文中用來表達「全世界」的方式。以賽亞預見到錫安將會轉離過犯，而全地都會敬畏耶和華的名(賽五十九 19 ～ 20)。這就是說，以賽亞書五十九章的爭戰，只是一個隱喻，指涉的是上帝大能作為的得勝。保羅在以弗所書正是運用了同樣的意象來描繪外邦人，也就是如今成了上帝後裔、遵行上帝使命的外邦人(參弗二 11 ～ 13)。外邦人的使命正是要完成上帝的工作，上帝的工作也是人的工作；歸信的人履行職責，其工作也就成為了上帝的工作。這樣，上帝的名和榮耀，在遠處近處都得著敬畏。

同樣地，整個信仰羣體如今要一起穿上這副上帝軍裝(的這些特質)，在地上見證上帝的臨在，攜手一同向世界為上帝作見證。他們的「武器」更是與別不同：藉著禱告，以合而為一的生活來見證上帝的偉大(弗六 18 ～ 19)，而禱告亦不是甚麼魔法式手段，而是在尋常的求問中學習信靠上帝；同時為聖徒禱告，為頂著巨大壓力而走在事奉最前線的上帝僕人例如保羅禱告(弗六 19)。只要教會持守保羅的福音和傳承上帝的使命，定會在爭戰中得勝。

5.3. 擬家戶和真家戶的見證

5.3.1. 象徵意義和字面意義的家戶

[19]這樣，你們不再作外人和客旅，是與聖徒同國，是上帝家裏的人
了；[20]並且被建造在使徒和先知的根基上，有基督耶穌自己為房
角石，[21]各房靠他聯絡得合式，漸漸成為主的聖殿。[22]你們也靠他
同被建造，成為上帝藉著聖靈居住的所在。（弗二 19～22）

So then you are no longer strangers and sojourners, but you are fellow citizens with the saints and members of the household of God. (Eph 2:19, RSV)

這奧祕就是外邦人在基督耶穌裏，藉著福音，得以同為後嗣，同為一體，同蒙應許。（弗三 6）

That is, how the Gentiles are fellow heirs, members of the same body, and partakers of the promise in Christ Jesus through the gospel. (Eph 3:6, RSV)

以弗所書有關「家戶」的詞彙，以兩種形式出現：有些是象徵性的，有些則是按字面意思理解的。以象徵意思解讀的例子，有形容信徒是「身體」(一 23，二 16，三 6 等，意即作為一個「身體」的家戶；另參本書段落 2.2)，或形容保羅為「執事」(三 7；意即家戶中的僕役，參《和修》和《呂譯》)。這裏，家戶便不僅指向一種實體的家戶，而是象徵著基督追隨者組成的新體制，換句話説，也呼應我們早前的討論，家戶是一個政治隱喻。這是否一種過分讀入？經文的上下文通常會給我們提示，告知我們將之作出政治解讀是否可行：如果上下文也在使用政治詞彙，那便是很好的明示了。例如以弗所書三章 6 節提到的「身體」(一「體」)，是指著以色列這個在舊約中上帝親自建立的政治實體而言，因為只要我們稍再往前一點，便會讀到保羅於二章 12 節的相關經文中，清楚論到歸屬以色列者的「公民身分」(“citizenship”；參NIV)，而二章 19 節則更通過隱喻性之聖殿，將公民身分扣連到以色列的家戶(參 RSV)。綜合以上提示，我們可以得出結論說，以弗所書二章所言說的是一個象徵性之家戶，指向上帝所建立的新秩序，一個由信徒組成的在基督裏的上帝擬家戶(fictive household in Christ)，或者用福音書的詞彙來說，指向上帝的國。

當我們談到整個家戶，就必須再次用上羅馬家戶的視角，看看保羅想說的究竟是甚麼。當中我們必須謹記羅馬家戶所重視的一個特質——忠誠。家戶的每個成員都要效忠家戶之主，家主擁有至高的權柄，而權力是由上而下的。如果我們將這個隱喻延展至羅馬帝國，凱撒就是那無上的權威，管治著帝國的所有家戶。不忠，輕則受人藐視，重則受到嚴懲。

5.3.2. 弗三1～8：家戶中的服事

> [1]因此，我一保羅為你們外邦人作了基督耶穌被囚的，替你們祈禱。[2]諒必你們曾聽見上帝賜恩給我，將關切你們的職分託付我，[3]用啟示使我知道福音的奧祕，正如我以前略略寫過的。[4]你們念了，就能曉得我深知基督的奧祕。[5]這奧祕在以前的世代沒有叫人知道，像如今藉著聖靈啟示他的聖使徒和先知一樣。[6]這奧祕就是外邦人在基督耶穌裏，藉著福音，得以同為後嗣，同為一體，同蒙應許。[7]我作了這福音的執事，是照上帝的恩賜，這恩賜是照他運行的大能賜給我的。[8]我本來比眾聖徒中最小的還小，然而他還賜我這恩典，叫我把基督那測不透的豐富傳給外邦人。（弗三 1～8）

5.3.2.1. 弗三2:恩典上的職分

諒必你們曾聽見上帝為了你們的益處所賜給我恩典上的職分。(弗三 2;《呂譯》)

Assuming that you have heard of the stewardship of God's grace that was given to me for you. (Eph 3:2, RSV)

這裏提出的第一個家戶隱喻在以弗所書三章 2 節,那是關乎保羅的自我理解:他形容自己像上帝恩典的管家,領受了管家的職分(2 節的「職分」原文有家戶管理之意,見英譯本如 RSV、ESV、NASB 等譯作 "stewardship of God's grace",另見《呂譯》譯作「上帝……賜給我恩典上的職分」)。家戶的管家,總是以主人的利益為優先考慮。在這裏,耶穌就是新國度的主;而且家戶之主就是祂的父(弗三 14)。保羅這裏所說的「恩典」是指著甚麼?從上下文看,那是指到他的福音使命而言,也就是說,他管家的職分本身就是上帝的恩典。怎麼說呢?以弗所書三章 3 節指出保羅透過啟示知道(福音的)奧祕,而這奧祕正正顯明了恩典的內容。接下來三章 6 節便指出這奧祕是甚麼:在耶穌基督新的國度裏,外邦人與猶太人同為後嗣,同為一體。簡而言之,保羅的福音使命獨一無二地叫外邦人和猶太人合而為一，這是任何其他職事都無可比擬的（參弗三 8）。

5.3.2.2. 弗三7：福音的僕役

> 我作了這福音的僕役，是照著上帝的恩賜，是照他運行的大能賜給我的。（弗三 7；《和修》）

另一個家戶隱喻是三章 7 節的「執事」或「僕役」（參《和修》、《呂譯》；英文聖經一般譯作 servant 或 minister，見 NIV、RSV 等），那是跟上段的隱喻相輔相成的。這是一個常見的詞，這裏卻混合了 6 節關乎政治「身體」的種族和政治詞彙的意涵。這個非一般的「僕役」，從家戶之主（即父上帝）領受權柄，於福音的使命上擔當領導的角色。再一次，這裏的家戶是一種政治性觀念，指向以羅馬皇帝為首的政治大家戶；「主」這個擬想出來的觀念（in a fictive sense），本身便是一個政治隱喻，這裏保羅用以描述上帝和耶穌，而他自己身為僕役，則必然事事順服，一切以主為先。

5.3.3. 弗五22～六9：家戶法規

除了運用家戶隱喻帶出政治意涵(即藉基督耶穌所帶來上帝的國)，保羅也在以弗所書五至六章寫下了一些有關真實家戶的家戶法規。這裏的家戶是按字面意思來理解的，這些家戶篇章告訴我們保羅世界中真實的家戶情況。以弗所書的家戶法規是歌羅西書家戶法規的擴寫版。在許多方面，歌羅西書的法規包含了更為實踐性的框架；以弗所書的法則通過將真實的家戶跟基督聯繫起來，帶出更為神學性的看法。

5.3.3.1. 弗五22～33：夫妻關係

> 22 你們作妻子的，當順服自己的丈夫，如同順服主。23 因為丈夫是
> 妻子的頭，如同基督是教會的頭；他又是教會全體的救主。24 教
> 會怎樣順服基督，妻子也要怎樣凡事順服丈夫。25 你們作丈夫的，
> 要愛你們的妻子，正如基督愛教會，為教會捨己。26 要用水藉著
> 道把教會洗淨，成為聖潔，27 可以獻給自己，作個榮耀的教會，毫
> 無玷污、皺紋等類的病，乃是聖潔沒有瑕疵的。28 丈夫也當照樣愛
> 妻子，如同愛自己的身子；愛妻子便是愛自己了。29 從來沒有人
> 恨惡自己的身子，總是保養顧惜，正像基督待教會一樣，30 因我
> 們是他身上的肢體。31 為這個緣故，人要離開父母，與妻子連合，

二人成為一體。[32]這是極大的奧祕，但我是指著基督和教會説的。[33]然而，你們各人都當愛妻子，如同愛自己一樣。妻子也當敬重她的丈夫。（弗五 22～33）

這個家戶結構明顯以基督為首。現代的讀者也許可以稱之為「情感自主下的父權」（voluntary love patriarchy）。保羅提倡的這種結構，既遵從當時的社會習慣，卻加上了一種以基督為中心的轉換（Christocentric twist）。對外人而言，這個家戶就像一個大舞台，丈夫擔當著主耶穌的角色（弗五 22），但這個家主的表現，卻跟社會的注流文化截然不同。他效法耶穌捨己的愛（弗五 25）。在當時的世界，女性踏進夫家，就得膜拜丈夫的神明。這裏的家戶法規正是要求丈夫向妻子活出他的所信。當羅馬人認定女人要盡其責任，保羅則告訴男人他當盡的責任。這有何重要？首先，在保羅的世界，普遍來説，男人可以為羅馬犧牲，可以為贏取榮耀而犧牲，卻偏偏不會為妻子犧牲。此外，更重要的是，上層社會人士（例如男人）不會為社會低下階層成員（例如婦孺）犧牲。男人娶妻，是跟門第相當的那個家戶的家主、即父親洽談的，婚姻本質上只關乎結盟、繁衍和繼承，當中一切的尊嚴與榮耀，全歸男性。保羅這裏卻重新框定婚姻中的責任（obligation），為妻子這角色注入了尊嚴和榮耀。

5.3.3.2. 弗六1～9：兩代關係和主僕關係

> [1]你們作兒女的，要在主裏聽從父母，這是理所當然的。[2-3]「要孝敬父母，使你得福，在世長壽。」這是第一條帶應許的誡命。[4]你們作父親的，不要惹兒女的氣，只要照著主的教訓和警戒養育他們。
>
> [5]你們作僕人的，要懼怕戰兢，用誠實的心聽從你們肉身的主人，好像聽從基督一般。[6]不要只在眼前事奉，像是討人喜歡的，要像基督的僕人，從心裏遵行上帝的旨意。[7]甘心事奉，好像服事主，不像服事人。[8]因為曉得各人所行的善事，不論是為奴的，是自主的，都必按所行的得主的賞賜。[9]你們作主人的，待僕人也是一理，不要威嚇他們。因為知道，他們和你們同有一位主在天上；他並不偏待人。(弗六1～9)

這個出於愛的父權革命，續見於保羅對親子關係的吩咐中。在保羅的世界裏，父親主外，而女性通常十來歲就結婚，主要工作便是照顧孩子。當基督來到，連父親都要顧及孩子的感受了(弗六4)——我們要留意，這些孩子在成年之前是完全沒有社會地位的。保羅心目中理想的父親形象來自於父上帝(弗三14)，其身分正如帝國大家戶中的凱撒。而甚至到了接下來的主僕關係，保羅也要主人尊重僕人（奴隸），不應威嚇他們（弗六9）。在羅馬的世界中，社會階層較低者，有責任為較高階層者犧牲，但保羅卻顛覆了既有的社會秩序，要我們以耶穌為榜樣。保羅這裏帶來的最大改變，其實並不是地位低下者要奉基督之名好好服事主人；保羅一心要改變的，是家戶最頂端的男人——保羅並沒有否定後者的超然地位，卻希望在本質上逆轉社會規範的慣常做法。另一方面，教會經常在富人家裏團契，在很多情況下，家戶也就成了為主作見證的第一線場景，成為教會的公共面貌，故此若家戶能活出與世界不同的信仰表現，那麼信徒的生活方式就會成為向世界傳講的福音信息。羅馬世界一切的社會網絡都連繫到家戶，而富有的恩庇主又切切實實地影響著社會，因此保羅這個以基督為中心的關係革命，勢必在社會上引起迴響，其影響力實不容小覷，畢竟按保羅的福音，耶穌基督的主權超然於以凱撒為首的帝國家戶權柄（弗六9）。

5.3.3.3. 神聖的紐帶與上帝創世的定旨

解讀保羅家戶教導時要留意的另一面向，就是這個從一男一女結合而展開的家戶，於羅馬的世界中，本身是一個法律實體。譬如說，婚姻跟繼承權有莫大關係。對於富有的恩庇主而言，婚姻能鞏固他們在社會上的權力和宰制。保羅關心的卻不在這些，而是婚姻作為一種神聖紐帶(sacred bond),相對於視婚姻為法律行為的羅馬法律,是判若雲泥的。保羅盼望以弗所信徒活出以基督為中心的家戶,以這個另類的方式在社會裏顯彰福音的見證。

另一點值得留意的是,保羅在以弗所書五章 31 節用創造記述(creation account)作為「以基督為中心的婚姻」的基礎:「為這個緣故,人要離開父母,與妻子連合,二人成為一體。」每個文化都有其創造記述。在羅馬的文化和世界中,創造記述包含了帝國宣傳的功能,為權貴加持,確保他們能繼續掌權。上文提過的浮雕「奧古斯都和平祭壇」中(見本書段落 2.6),婚姻和生育代表了眾神明對凱撒的祝福。如此,君權乃神授,且由創世之時早已命定,凱撒是按神明旨意繼續其統治罷了。然而,保羅這裏卻引用猶太人的創造敍述,指出蒙拯救的男男女女,都要遵行上帝創造的旨意。這個另類的敍述,跟羅馬帝國的層級制度截然不同。如今,每個人,無論男女貧富,盡皆有分於這個尊貴的創造故事。從創世之始,也就是耶穌有分的創世奇工,這個尊貴的故事早為上帝所定旨。以基督為中心的家戶,要世世代代傳講著這個故事。

5.3.4. 小結:家戶的見證

在羅馬的世界中,家庭是一個政治實體。由權力建構出來的帝國大家戶,給轉化成了保羅的隱喻:在基督裏的擬家戶。這個信仰羣體的擬家戶，雖沒有直接地和刻意地反對帝國，但上文的討論足以表明兩個家戶之間的區別、甚至矛盾。另一方面，保羅給出的家戶法規，則針對羅馬世界中的真實家戶，可對社會帶來莫大影響。信仰羣體是福音最真實的寫照。信仰羣體不僅僅口傳福音，更是在活現福音；也不是見證一個狹隘的「信耶穌上天堂式」的廉價福音，而是揭示出上帝創造所定旨的福音，指向耶穌是主和上帝的全權。

5.4. 新的聖殿：上帝藉著聖靈居住的所在

> [11] 所以你們應當記念：你們從前按肉體是外邦人，是稱為沒受割禮
> 的；這名原是那些憑人手在肉身上稱為受割禮之人所起的。[12] 那
> 時，你們與基督無關，在以色列國民以外，在所應許的諸約上是
> 局外人，並且活在世上沒有指望，沒有上帝。[13] 你們從前遠離上
> 帝的人，如今卻在基督耶穌裏，靠著他的血，已經得親近了。
>
> [14] 因他使我們和睦，將兩下合而為一，拆毀了中間隔斷的
> 牆；[15] 而且以自己的身體廢掉冤仇，就是那記在律法上的規條，
> 為要將兩下藉著自己造成一個新人，如此便成就了和睦。[16] 既在
> 十字架上滅了冤仇，便藉這十字架使兩下歸為一體，與上帝和
> 好了，[17] 並且來傳和平的福音給你們遠處的人，也給那近處的人。

[18]因為我們兩下藉著他被一個聖靈所感，得以進到父面前。

[19]這樣，你們不再作外人和客旅，是與聖徒同國，是上帝家
裏的人了；[20]並且被建造在使徒和先知的根基上，有基督耶穌自己
為房角石，[21]各房靠他聯絡得合式，漸漸成為主的聖殿。[22]你們也
靠他同被建造，成為上帝藉著聖靈居住的所在。(弗二 11～22)

[19]So then you are no longer strangers and sojourners, but you are fellow citizens with the saints and members of the household of God. (Eph 2:19, RSV)

5.4.1. 經文的脈絡

5.4.1.1. 只是宗教？

以弗所書二章 19 至 22 節包含了聖殿的隱喻。不過這裏有一特別之處，就是保羅這段經文中將聖殿隱喻(21 節)，跟公民身分的(因而也是政治性的)隱喻(19 節「同國」；RSV 作 “fellow citizens”)，混合在一起使用。許多釋經者都認為，這兩個混合在一起使用的隱喻是兩個不相干的隱喻，然而這裏保羅的用法卻不似是這樣。事實上，今天不少人會認為聖殿只是一種宗教機構(religious institution)，但保羅時代卻非如此。古代世界並沒有現代人「政教分離」的觀念，意即在當時的人眼中，所有

宗教機構都是跟社會政治經濟有關的，這非關乎人為的刻意設計，而是當時社會構成的自然結果。除非刻意要「政教分離」，否則政教之間自然會有一定程度的關連。又正如我們之前已經討論過，聖殿是耶路撒冷的經濟支柱，可這本不是聖殿設立的初衷，也不是第二聖殿重建的初衷，只因後來頻繁的獻祭活動，來自地中海不同地區的猶太人都會到耶路撒冷獻祭，結果令聖殿累積起巨大的財富。正是這種種社會經濟因素，令聖殿的經濟地位變得舉足輕重。

5.4.1.2. 亞底米神廟

另一個值得留意的背景，就是上文已提過的亞底米神廟這個古代世界建築奇迹。公共建築，不論是宗教建築還是政府建築，都是一種廣義的政治權力符號，大興土木本身，已是權力的最佳展示。奧古斯都宣稱：「我接管羅馬時，羅馬只是磚瓦之城，如今卻滿街大理石。」而建築的方式，最能反映政治權力和意識形態。只有財政充裕的政府和財主，才花費得起使用最上乘的建材，興建最大型的建築。值得一提的是，擁有濃厚羅馬氣息的以弗所，同樣是滿城大理石建築。以宗教建築來說，亞底米神廟明顯更能表現出恢宏的氣勢，不過保羅卻將其論述堅定地立足於耶路撒冷聖殿這一形象（二 19 ～ 22）。

5.4.1.3. 上文主題

二章 19 至 22 節的講論，緊接著公民身分的討論(二 11～18；特別 12～13 節)也相當合理，畢竟只有以色列人才有聖殿。以弗所書二章 12 至 13 節提及的地理分佈問題(另參上文段落 5.1.1)，也順理成章地給引到這段聖殿的討論中(二 19)，因為外邦人原本是遠離聖殿的——除了負責駐守安東尼亞堡(Antonia Fortress)的羅馬守衛(安東尼亞堡位於聖殿的西北角，是羅馬軍隊在耶路撒冷的駐紮地)。保羅進一步在二章 14 節談到「中間隔斷的牆」(the dividing wall of hostility, RSV)，所指的其實是聖殿兩個院子之間作分隔之用的牆。他又在二章 15 節將那堵牆比作「律法上的誡命以及其中種種的規條」(參《新漢語》)。聖殿裏用作分隔的牆，將以色列人的院子和外邦人的院子分隔開來，因為外邦人是不潔淨的。律法上的誡命及其中的規條，決定了這堵牆的必要性。今天我們知道所羅門的聖殿並沒有這堵牆存在，但被擄歸回後，為了潔淨的緣故，以色列人便築起了這堵牆，免干犯耶和華；又或者，這堵牆也是對殖民者的一種抵抗手段(見下文段落 5.4.2)。無論如何，這堵牆出現了。然而，藉著十字架，判定外邦人為不潔的律法規條都給廢掉了，律法所帶來的冤仇也給釘在十字架上(弗二 15～16)。從前在遠處的外邦人，如今得親近了(弗二 17～18)。

5.4.1.4. 新的聖殿

接著，保羅以人為殿，替聖殿隱喻添上擬人化色彩（anthropomorphic aspect）。他說，教會建造在使徒和先知的根基上，並且有基督自己為房角石（弗二 20）。此前二章 14 節的聖殿，我們多少還會按字面來理解，但到了這裏，聖殿則象徵教會。各人一同被建造，教會成了聖靈居住的所在；而更重要的是，教會是由上帝所建造的（弗二 20）。「建造」這詞的原文是被動不定過去式（aorist passive tense），表示教會建造的背後，有外力推動，而這外力就是上帝。這裏延續著上帝超乎一切權勢的全權這一主題。20 節的意象，鼓舞人心，因上帝已經立好了使徒和先知的根基，並且讓耶穌基督成為最關鍵一環（整個建築物都靠這塊房角石聯絡合式）。所有外邦人如今都可以跟以色列信徒一起被建造。教會作為信仰羣體，成了一種另類的可能：一方面成了異教徒亞底米神廟的替代，另一方面又代替了遙遠的耶路撒冷猶太聖殿。如此，外邦人不再需要走到耶路撒冷才能聽見福音；保羅確實將福音帶到原本在遠處的人面前。

5.4.2. 弗二19～22：新聖殿的政治

5.4.2.1. 有機的建築

聖殿隱喻跟保羅政治有甚麼關係？作為象徵意義的宗教建

築物,聖殿也是宗教權力的一種聲明(statement);亦如前文所言,聖殿的存在,對政治經濟等都有著巨大影響力,甚至羅馬殖民者的權力,亦會止步於聖殿。事實上,對居於殖民地的猶太人而言,耶路撒冷聖殿就是他們剩下來之權力聲明。耶路撒冷聖殿外的堡壘安東尼亞堡,正好顯明了猶太人與外邦人之間的張力。羅馬人當然希望所有人都只信奉一主一王,那就是凱撒,因此他們不時會嘗試將羅馬帝國的不同象徵,例如羅馬之鷹,放進聖殿,當然這會換來猶太人的激烈抗議。教會這個全新的聖殿卻有所不同,新聖殿不再以有形的建築示人,當然亦不會再被要求設置公共象徵羅馬之鷹;這個新聖殿跟猶太教保持著(鬆散的)連繫,以便得享羅馬法律的保護;這個新聖殿自身,亦非從現存權力的宗教體制開始,乃從基層開始建立,而成為一個帶著另類可能的別異機構(alien institution):一個有機的新聖殿(organic temple)。

5.4.2.2. 永恆的建築

就終末的角度而言,這個聖殿隱喻也是政治性的。羅馬錢幣上刻著的那句話:「永恆羅馬」,反映出羅馬意欲永存的帝國夢。羅馬的建築和神廟,能夠永存嗎?當然不能。聖殿隱喻很多地方都讓人憶起羅馬人的自豪感。保羅說到這個新聖殿以使徒和先知為根基，有耶穌自己為房角石；羅馬人卻自豪於他們發明的羅馬混凝土（Roman concrete），裏面摻合了火山灰，令這種建材又堅硬又有延展性。這樣的建材可以存留一段很長時間——但保羅提到復活的耶穌卻為新聖殿的永恆基本構成部分。值得留意的是，這稱為教會的新聖殿可追溯到被擄時期，那時上帝的心意是叫流散的猶太人將真信仰帶給各處的外邦人。另一方面，這新聖殿也前瞻人類的歷史：信徒同心建立教會，讓這個有機的整體（organic whole），一代一代傳承下去，有機地成長（organic growth），並在教會的四面牆壁內外，一起參與上帝的偉大戲劇。根基已然立好，其上所建造的，比羅馬帝國當存留得更長久。教會的存在本身，就是一種政治聲明，對照著一切地上的權勢，甚至像羅馬這般令人驚歎的超級權勢。

5.4.2.3. 聖別的羣體

我們從這段經文也可以發現其他神學洞見。聖殿儘管有著政治形象，但本身還是一處神聖空間。不過，我們說其神聖，是指著聖殿——往昔作為空間、如今作為上帝子民——蒙揀選與分別為聖而言（參弗一4）。上帝在舊約聖經中如何將一個建築物分別為聖，今天同樣將一羣人分別為聖。這羣人擁有特殊的公民身分，成為蒙揀選之民。他們在地上，作為一個整體，於世界政治結構之中，成為上帝的聲明（God's statement），陳明上帝之所是。這個新聖殿無論出現在哪一社會，上帝就在那裏。

保羅寫以弗所書的時候，聖殿對他來說可能也有著特別意義：他正正是在聖殿外圍被捕（徒二十一 27 ~ 30），而且他寫信時也很清楚小亞細亞的一大神廟正坐落於以弗所。不過，在保羅筆下，上帝的聖殿更化為一羣新的子民，而不再囿於作為神明居所的廟宇建築。在基督教思想史中，這嶄新的看法直到今天仍深具影響力。

6. 監獄書信選讀（三）：腓立比書

6.1. 腓立比的世界

6.1.1. 教會的建立

雖然作者保羅的處境相同，同樣是被囚，但腓立比書讀者的處境，跟身處小亞細亞的歌羅西書和以弗所書讀者，卻截然不同。

腓立比教會是在一次特別的機遇下建立起來的。根據使徒行傳十六章6至40節，保羅來到了腓立比，因他在異象中看見一個馬其頓人，這人求保羅繞過小亞細亞，到歐洲馬其頓去幫助他們。後來保羅「來到腓立比，就是馬其頓這一方的頭一個城，也是羅馬的駐防城」(徒十六12)。在那裏，保羅於安息日在河邊一個禱告的地方，遇上了呂底亞，一個賣紫色布疋的婦人，而紫色布疋大概是當時政務官員使用的布料（徒十六 11～15）。保羅在這處地方對聚會的婦女講道，呂底亞就信了主，並一家領洗，更求他們到她家裏住。不過，保羅腓立比之旅亦非一帆風順。他後來遇上了一個被巫鬼所附的使女，妨礙著他傳道，保羅便將使女身上的鬼趕了出來（徒十六 16～18）。她原本被巫鬼所附，用法術，叫她主人們大得財利，但主人們這時見得利的指望沒有了，便揪住保羅和西拉，將他們拉到官長面前，結果「羣眾就一齊起來攻擊他們。官長們吩咐撕開他們的衣裳，用棍子打；打了許多棍，就把他們下在監裏，囑咐獄警嚴緊看守。獄警領了這樣的命令，就把他們下在內監，兩腳拴在木架上」（徒十六 22～24）。然而，約在半夜，保羅和西拉正在禱告，唱詩讚美上帝的時候，忽然，地大震動，監門全開，眾囚犯的鎖鏈也都解開了。再加上保羅的羅馬公民身分，次日保羅和西拉二人便獲釋，「出了監牢，往呂底亞家裏去，見了弟兄們，勸慰他們一番，就離開了」（徒十六 25～40）。從經文所述，保羅在呂底亞的家開展了事工。看上去呂底亞大概屬富有人家，如此她便大有機會成為腓立比基督追隨者的恩庇者。從有限的資料來看，考慮到呂底亞的地位，由女性帶領教會也是可能的。由於呂底亞從事賣紫色布疋生意，這一事實使得保羅早期的工作也變得有政治影響力；而女性如此高調參與教會，也會帶來社會影響（雖然羅馬社會在宗教方面，一直都有女性參與，但教會的發源地猶太會堂，卻從來都只由男性領導）。腓立比的獨特背景，充滿著有趣的政治詮釋空間。

6.1.2. 政經與文化

腓立比本為希臘的一個殖民地，由亞歷山大大帝（Alexander the Great）父親腓力二世（Philip II of Macedon）所建。悠久的殖民地歷史和文化積累，令此地成為地中海的重要城市。腓立比位於愛格納大道（Egnatian Way），佔盡地利，是西羅馬與小亞細亞貿易往來的必經之路，這亦使得腓立比成為馬其頓的主要城市之一，就像哥林多之於希臘那樣。

作為羅馬的軍事駐防城，奧古斯都予腓立比特別的尊榮地位。亦因其對帝國忠心耿耿，使得腓立比人得享羅馬公民身分。跟奧古斯都的淵源，孕育了腓立比的獨特羅馬氣息。奧古斯都進一步推行政策，將羅馬的退役軍人遷居於此，並賜他們土地，這樣便能確保土地落在忠於羅馬、畢生為帝國征戰的老將手中，其子嗣則繼承祖蔭，延續羅馬及祖輩在當地的影響力。

6.1.3. 教會的挑戰

腓立比書提到教會面對兩個挑戰。首先是外在的挑戰。追隨基督本身已令教會受到一定的外在壓力（腓一 28～二 30），而腓立比教會更要防備強調割禮的假教師的攪擾（腓三 2）。此外便是內在的挑戰——來自教內的人際張力，而分歧卻非在核心教義的詮釋，而在個性的差異（腓四 2～3）。

腓立比書包含了一些重要的政治隱喻，其意象凸顯了保羅的關注。其中二章 6 至 11 節的「基督頌」尤其重要。歌羅西書和以弗所書也有類似的頌歌（西一 15～20；弗一 3～10），但因本書篇幅所限，筆者選用了腓立比書的「基督頌」作為說明例子，希望讀者能舉一反三，以同樣的視角來理解歌羅西書和以弗所書的頌歌。

6.2. 公民身分：與天國子民身分相稱的生活

> [27] 只要你們行事為人與基督的福音相稱，叫我或來見你們，或不在你們那裏，可以聽見你們的景況，知道你們同有一個心志，站立得穩，為所信的福音齊心努力。[28] 凡事不怕敵人的驚嚇，這是證明他們沉淪，你們得救都是出於上帝。[29] 因為你們蒙恩，不但得以信服基督，並要為他受苦。[30] 你們的爭戰，就與你們在我身上從前所看見、現在所聽見的一樣。（腓一 27～30）

6.2.1. 公民的行事為人

腓立比書一章 27 節包含了一個公民隱喻(citizen metaphor)。保羅吩咐讀者要「行事為人與基督的福音相稱」。句中「行事為人」原文在新約聖經只另見於使徒行傳二十三章 1 節,但其同源詞「公民」(citizen)卻見於腓立比書三章 20 節(《和合本》譯「國民」;另參《新漢語》一 27 註)。這裏「行事為人」原意為「活出對應你身分的責任」(living out one's obligation for one's identity)。根據上下文,經文這裏的意思就是指信徒既作為天國公民一分子,行事為人就當盡其「公民」責任,而在這裏,即與保羅同工,為保羅禱告(腓一 4、19),為福音爭戰,甚至為主受苦(腓一 27 ~ 29)。

6.2.2. 與彌賽亞的福音相稱

另一方面,我們留意保羅用「與基督的福音相稱」這講法來進一步闡述天國公民當有的行事為人。上帝國度的行事為人,完全跟「基督」(即彌賽亞)的「福音」(好消息)扣連。「福音」遠不只是「信耶穌上天堂」,保羅所說的福音是關乎彌賽亞的福音。耶穌最早期的信息是呼召人悔改,因為上帝的國近了:「日期滿了,上帝的國近了。你們當悔改,信福音!」(可一 15;另參太四 17、23)上帝的國近了,人要改變他們的生活方式。這國度不是某種遙遠的他世國度，不是「遠在天邊」，而是「近在眼前」的。既然耶穌已藉著祂的作為和最終大能的復活，顯明祂是彌賽亞，那麼聲稱要追隨彌賽亞的人，就當活出不一樣的生活。當別人看見信徒的轉變，就會問到改變的緣由。基督的追隨者要活出福音的見證，「行事為人」與國度的信息相稱，生活如實反映出福音之所是，也就是耶穌果然是上帝的彌賽亞，祂已來到，更新一切。

6.2.3. 天國公民身分的張力

當我們讀到腓立比書的公民隱喻，以此對照保羅當時的處境，很多事情便會澄明起來。保羅在建立腓立比教會的過程中，公民身分是一個重要背景主題。這裏我們要問：「為甚麼保羅在某些情況下會訴諸自己羅馬公民的身分，在另一些情況下卻不？」我們會發現，每當保羅訴諸他的公民身分，他主要目的並不是為了免受淩辱毆打，因有些時候，他寧受刑罰，也沒有訴諸公民的身分；反而，為了不令福音蒙羞，他會勇於表露自己的公民身分。若接受羅馬人的刑罰，這種恥辱令別人對他的事奉失去信心，保羅就會盡量避免令福音蒙羞。事實上，他曾經叫羅馬的官長親自領他出獄，公開表明他的無辜（徒十六 35～40）。保羅身為羅馬公民，確實有一定優勢，這是必須承認的；但從他對自己天國公民身分的表述來看，我們可以看到他的關注從來都只是福音的榮辱。保羅當時的生活充滿張力，鍊子捆鎖，忍受恥辱，但與此同時，他又同時是羅馬和天國的公民。腓立比書的確彌漫著一種難以調解的張力：地上為囚的羞辱，與屬天公民的自豪。但更重要的是，他的跟隨者也與他一同受苦。這些跟隨者並不都有羅馬公民身分的優勢，但他們用自己的方法尊榮福音，就是知道在世寄居，事事以天國公民的身分為先。

6.3. 家戶隱喻：由降卑到高升的主

[1]所以，在基督裏若有甚麼勸勉，愛心有甚麼安慰，聖靈有甚麼交
通，心中有甚麼慈悲憐憫，[2]你們就要意念相同，愛心相同，有
一樣的心思，有一樣的意念，使我的喜樂可以滿足。[3]凡事不可
結黨，不可貪圖虛浮的榮耀；只要存心謙卑，各人看別人比自己
強。[4]各人不要單顧自己的事，也要顧別人的事。

[5]你們當以基督耶穌的心為心：

[6]他本有上帝的形象，

不以自己與上帝同等為強奪的；

[7]反倒虛己，

取了奴僕的形象，

成為人的樣式；

[8]既有人的樣子，就自己卑微，

存心順服，以至於死，

且死在十字架上。

[9]所以，上帝將他升為至高，

又賜給他那超乎萬名之上的名，

[10]叫一切在天上的、地上的，和地底下的，

因耶穌的名無不屈膝，

[11]無不口稱「耶穌基督為主」，

使榮耀歸與父上帝。（腓二 1～11）

6.3.1. 基督論的探究與來源

腓立比書二章 6 至 11 節的「基督頌」（Christ hymn）包含了一些有關家戶的重要隱喻，例如奴隸（「奴僕」）、家主和父親身分，不過最多人反覆談論的，往往是二章 7 節「虛己」的意思。於此，筆者建議讀者於研讀這段經文時，試試不以「存有論式」（ontological）的神學概念和述語來切入，轉而從「家戶隱喻」的角度來理解這首頌歌。就正如本書前述的保羅隱喻那樣，這裏的隱喻無論對保羅、還是他的政經想法，都意涵豐沛。除了家戶隱喻外，「基督頌」中釘十架的主題，本身亦具政治色彩——

「且死在十字架上」不正是政治陳述，表現出保羅基督頌的政治向度麼？

我們先看看這首頌歌的來源問題。有人認為這首頌歌源出於保羅本人，事實上頌歌的許多主題(例如釘十架、復活、耶穌是主)經常出現在保羅的書信中。另有些人則認為這首頌歌像新約其他頌歌那樣，是引自另一首篇幅較長的詩歌，是那首較長詩歌的一部分。我們知道於原文中二章6節是以關係代名詞(relative pronoun) who開首的(中文聖經譯作「他」)，若這是一首完整獨立的頌歌，這樣以who開始，而未告知這個who是誰，的確有點奇怪；而保羅這裏則以二章1至5節(特別5節)來說明這個who的身分。由此，有些人便認為這首詩歌是保羅引自某些傳統材料的。今天，認為「基督頌」非源出於保羅已非甚麼新鮮理論，事實上那的確是可能的。

由「基督頌」引起的關於基督論的討論，絕對是複雜的，但已有不少學者就此寫了許多專著，這裏筆者只簡述一下他們在基督論上的爭議所在。[17] 首先，有些學者認為這裏談到的「上帝的形象」(二5)乃指涉亞當，即耶穌是另一個亞當。而這想法又再衍生出另一個類近的看法，就是認為亞當抓住他自己的上帝「形象」不放，耶穌卻沒有「抓住不放」(二6下；《和合本》作「強奪的」，另參《新漢語》作「抓住不放」，《和修》作「堅持」或「企圖攫取」,《呂譯》作「把持不捨」或「僭奪」)。此外,有人則認為二章6節「神的形象」和7節「奴僕的形象」是平行的(parallel),這種平行結構意味著耶穌一直都有「神的形象」,是後來才另取「奴僕的形象」。詮釋的關鍵是6節的希臘詞 *harpagmos* 到底何所指(即《和合本》的「強奪的」,不同譯法見前文)。這個詞實在不好譯,其中一個原因是這個詞典外典內均屬鮮見(原文於新約聖經也只在這裏出現)。但從已有的文獻得知,這詞可能跟搶劫(robbery)有關,但此一用法若放到保羅這裏,又會十分奇怪。如此,我們只能憑腓立比書上下文來詮釋。這個詞可以有兩種理解方法:一、原本屬於耶穌的東西,祂沒有抓住不放;或者二、原本不屬於耶穌的東西,祂卻可以奪過來(即「搶劫」?)。第一種詮釋是指,雖然耶穌由道成肉身至捨身十架,始終有其特權,可祂卻沒有加以利用,而這也是大多數福音派人士的看法;第二種詮釋則指,耶穌並未擁有上帝的屬性(divine attributes),祂只是末後的亞當,祂「主」的身分是在釘十架後被高舉而確立的。有些學者稱這種詮釋為嗣子基督論(adoptionist Christology)。

接下來要處理的問題也十分棘手,那就是「虛己」是甚麼意思?不少英文聖經譯本將之譯作 "emptied himself"(如 RSV、ESV 等;NIV 則作 "made himself nothing"),而中文聖經《新漢語》則作「倒空自己」。有些譯者則傾向以「謙卑自己」(humble himself)來理解之，意即其倒空的是「自己與上帝同等的地位」，而非倒空「自己上帝的屬性」。如果我們將 *harpagmos* 理解為喻指「本有的地位」(rightful status)而言，即與上帝同等同尊，那麼意思便接近「謙卑自己」這翻譯。按這樣的理解，我們便可以先放下「亞當基督論」這一解釋，而將重點放在耶穌「本有上帝的形象」這一表述了。耶穌有祂本有的地位，即原「與上帝同等」，卻「謙卑自己」，取了人的身分。這裏保羅的措詞更帶著一點點弔詭意味：耶穌的「倒空」，原來是「取得」；是一種「添上」而不是「減除」。如此，耶穌過著人類的生活，以新的身分將祂本有的地位隱藏起來。保羅既將「上帝的形象」和「人的樣式」平行對照，這種解讀便似乎最為適切，並且又能配合早期教會對耶穌出生至復活的理解。這很可能是保羅寫腓立比書時所引用的詩歌的原意。

6.3.2. 經文的脈絡：倫理的向度

很多人以為，只要搞清楚這裏有關基督論的討論，便是成功解讀了這段經文，但其實真正的釋經還未開始呢！我們還未將這首詩放在腓立比書的脈絡中去理解。上文簡單看過學者們的討論，這裏筆者將要指出一件顯而易見的事，就是在經文中保羅明顯沒有就詩歌中複雜的基督論問題作出講解。上文的討論，只是就我們所知的（無論從處境脈絡、還是從更宏大的保羅神學角度出發）所能夠作出的最佳推測。回到經文本身，保羅為何沒有就詩歌中的基督論進行解釋？一般有兩種説法：一、詩歌出自保羅較早期的事奉，而他早已跟歸信者分享過當中的意思了，如今不用再多加解釋。二、詩歌來自最早期教會傳統的其他源頭，而那是為了回答「耶穌是誰？」這問題的；如此，對腓立比教會而言，這首詩歌便是一種針對情境的新的倫理應用，而並非一種給提出來的新的基督論理論了。當然，這首詩歌絕對可以是出自保羅手筆，而早已向歸信者解釋過的（即上文第一種説法）。不過，縱然詩歌的來源問題始終莫衷一是，但就詩歌未有就基督論加以解釋一事，我們可以從經文觀察到的，是詩歌跟腓立比書二章 5 節的關連，也就是詩歌扣連著「你們當以基督耶穌的心為心」這倫理教導，至於詩歌中基督論的確切表述該是如何，都只能夠是出於猜想。有關前者，即其倫理意義，我們通過詩歌的家戶隱喻便可以加以確定，特別是將其扣連於 1 至 5 節整段的倫理教導。事實上，對這首詩歌觸發起的一連串基督論討論，筆者並不抗拒，而比我更為勝任的學者亦早已在從事這方面的研究，筆者這裏只希望指出，這首詩歌對腓立比教會而言該是饒有意義的。保羅未有在引用時高談抽象的基督論，必有他的一番用意。

6.3.3. 經文的結構

「基督頌」雖為詩歌體裁，卻仍涵蓋了耶穌的出生、死亡和復活，並明確道出耶穌生平的意義。而當中二章 9 節的「所以」成為一個分段點，將經文分為兩部分。第一部分 6 至 8 節論到受苦彌賽亞的艱辛使命，而並未細述耶穌實際的事奉工作；第二部分 9 至 11 節則解說受苦的結果，就是復活和升高。

對腓立比教會而言，整首頌歌是關乎地位的轉化(status transformation)，而不是抽象的基督論神學。根據二章 5 節的說法，保羅吩咐腓立比教會，「在你們中間」("among yourselves" 或 "in you";「在你們中間」《和合本》未有譯出，可參《呂譯》:「基督耶穌存著甚麼意念，你們也要存著甚麼意念在你們中間」;另參 RSV、NRSV、ESV 等英譯本)，應該抱二章 6 至 11 節的態度。「在你們中間」意味著保羅這裏所處理的，不只是個人敬虔的問題，而是一種羣體精神(community ethos)。在詩歌的第一部分(二 6~8)，我們可以見到耶穌地位的轉變：由 6 節「神的形象」開始，到 8 節成為「人的樣子」。除了地位，詩歌還論及耶穌的「所不為」與「所為」。首先，耶穌沒有緊握著本屬於祂的神性地位，反而倒空自己，至一程度，甚至成了奴僕(6~7 節)，是其「所不為」;接著，耶穌既有人的樣子，就謙卑自己，存心順服，以至於死，且是極盡羞辱的死法，一個奴隸死在十字架上

（8節），是其「所為」。總的來說，地位的改換，是由擁有神性者變成奴隸，由至高無上的尊榮變成無盡的羞辱。

在詩歌的第二部分（腓二9～11），我們同樣可以看到地位的轉化，不過這裏卻是由「受羞辱」到「得尊榮」。二章9節的「所以」一詞點出了身分高升的原因。「所以」這個希臘詞通常用來強調結果。換句話說，保羅要說的是：「結果最終會得高升，該是所有人的想望；那麼，如果大家都確信結果肯定會得到高升的話，誰人願意活出這樣的確信呢？」而最終結果是上帝將那超乎萬名之上的名賜給耶穌。因此，一切在天上的、地上的，和地底下的，都要因耶穌的名屈膝，口稱「耶穌基督為主」，使榮耀歸與父上帝。

6.3.4. 頌歌中的家戶隱喻

若我們從家戶隱喻的角度切入，「基督頌」便是述說耶穌謙卑自己，以及上帝使耶穌高升，並尊榮耶穌的謙卑自己：耶穌原是宇宙的主，卻成了羅馬帝國中的奴隸！奴隸只是主人的財產。耶穌飽受羅馬帝國不公正的對待。祂受苦受難，像奴隸那樣死在十字架上。然而，按經文的家戶隱喻敘事，通過主耶穌基督這位中保，榮耀最終歸與耶穌的父。在家戶裏，不時有奴隸最終成了奴隸頭（the head slave），而他的工作代表了家主。這個奴隸頭變成了主人施行權力的中保。不聽從這個奴隸頭,就是不聽從家主。耶穌確然是「主」,但這乃是從家戶管理的結構來看,意即是父上帝將宇宙的管理職事交付給耶穌,由祂作主。如此,耶穌既是奴隸,同時也是主。至高的主權仍然在父上帝即家主手中。父上帝是耶穌被釘死後,賜祂尊榮的那一位。

那超乎萬名之上的名,是指著甚麼名?這名很可能是指到「耶穌」,因為「主」是其尊稱而不是其名字。然而,我們卻不要忽略這尊稱與名字所賦予彼此的意義。「耶穌」的意思是「耶和華拯救」(YHWH saves),而「主」這尊稱也正是舊約對耶和華的尊稱。換句話說,那使耶穌從死裏復活的大能,將原本歸與耶和華的榮耀賜給耶穌,使祂能超過一切,甚至克勝死亡。人為甚麼要敬拜這位稱為耶穌的猶太聖賢?這便是保羅提出的神學原因。保羅要說的其實是:「這便是耶穌被尊為上帝所走過的道路,好好學習吧。」

6.3.5. 超然於凱撒家

當我們努力探究這篇「基督頌」的政治意涵,便不難發現當中豐富的家戶隱喻,而且早期教會正正是建立在家戶的基礎上(就腓立比教會的情況來說,即建基於呂底亞的家戶)。事實上,羅馬殖民地的家戶,跟凱撒的家戶有莫大的關聯;保羅為因亦直接與凱撒的家戶有關。筆者下文將作一簡單解釋。

基督頌既充滿了家戶的隱喻，而負責二十四小時看守保羅的士兵來自凱撒家戶，那麼凱撒的家戶這一背景，該是詮釋腓立比書的一個重點。從凱撒家戶這一視角出發，保羅用上這首詩歌，便不僅僅欲以教會為一新的家戶，也是想將耶穌的地位提升至超然於凱撒及諸神之上。保羅用創造以至耶穌的救贖奇工，抗衡羅馬敍事所包含的一切帝國優越性：無論是羅馬共和國的起源、凱撒家的興起、奧古斯都的過人領導力，甚至是保羅上訴的對象尼祿這位凱撒的大權。如果我們將保羅的「基督頌」，跟腓立比教會的組成和羅馬的敍事放在一起來思考，便會發現，保羅的信息要針對的，明顯是一切權勢結構，不單單是跟羅馬家戶結構有關的權勢，更是整個羅馬帝國家戶本身這個巨型的權勢結構。

理順了保羅在基督頌中要帶出的重要政治信息，還有另一件事我們要留意。雖然這可說相當明顯，卻可能仍有人會忽略：有沒有想過，保羅向那些看守他的人傳了怎樣的福音？我們可以合理地推測，如果保羅按早期教會的傳統來分享信息，「基督頌」該是他信息中的重要部分。這樣看來，保羅這勇敢的福音行動，其實是在為腓立比教會樹立榜樣。保羅在羅馬被軟禁，是活在帝國權勢之下；同樣，腓立比書的讀者在腓立比也是活在羅馬殖民勢力之下。保羅要得到釋放,需凱撒首肯;同樣,為了腓立比城的福祉,腓立比人也要仰凱撒恩庇的鼻息。然而,保羅沒有一絲妥協。他以「基督頌」為綱寫就此信,正是要為腓立比人定下可以追隨的腳蹤。

7. 教牧書信選讀

7.1. 為在位者祈禱

1 我勸你，第一要為萬人懇求、禱告、代求、祝謝；2 為君王和
一切在位的，也該如此，使我們可以敬虔、端正、平安無事地度
日。3 這是好的，在上帝我們救主面前可蒙悅納。4 他願意萬人得
救，明白真道。5 因為只有一位上帝，在上帝和人中間，只有一位
中保，乃是降世為人的基督耶穌；6 他捨自己作萬人的贖價，到了
時候，這事必證明出來。7 我為此奉派作傳道的，作使徒，作外邦
人的師傅，教導他們相信，學習真道。我說的是真話，並不是謊
言。（提前二 1～7）

7.1.1. 經文的脈絡

7.1.1.1. 禱告作為公共見證

提摩太前書是一組更大的書信「教牧書信」的一部分，部分學者估計成書於保羅事奉晚期。[18] 書信一開始就提到可能傷害教會的異端邪說（提前一 3～11）。提摩太前書二章 1 節則以「所以」開始（編按：《和合本》沒有譯出，參《和修》：「所以，我勸你……」），明顯是在作出呼應。那麼，兩者又如何扣連？一章 18 節提到保羅「照從前指著你〔指提摩太〕的預言，將這命令交託你〔提摩太〕，叫你〔提摩太〕因此可以打那美好的仗」，也就是說，保羅在吩咐提摩太如何好好擔起教會領袖這一職事。提摩太要怎樣做才是忠於召命？——就是打那美好的仗！保羅給提摩太的命令，很可能包含了軍事隱喻，即表明教會是主的軍隊，而提摩太這等領袖便是軍官。那他們為何而戰？按書卷第一章所示，那肯定是一場對抗異端邪說的戰爭；但對抗異端跟二章 1 節起的討論（為政府祈禱），有甚麼關係？也許，保羅認為異端的問題，有可能令致教會與政府之間出現不必要的張力甚至衝突，就如克勞第治下於羅馬發生的驅逐事件那樣。那麼，如果在愈見瘋癲的尼祿所推行的政策以外，再加上有關猶太律法的另一場衝突，這結果肯定會殃及教會。

「打那美好的仗」的方法，明顯涵蓋了二章 1 節至四章 16 節的內容，而討論的對象，由最初較廣泛的會眾，漸漸變為針對教會的個別成員。二章 1 至 15 節處理某些與公共崇拜有關的問題，三章 1 至 16 節則處理公共崇拜帶領者職事的問題，而四章 1 至 16 節則特別針對提摩太個人的事奉和敬虔的問題。

這樣，研讀提摩太前書二章的時候，我們便明白它要處理的，是關於公共崇拜的處境。根據二章 8 節提到的祈禱姿勢：「男人……舉起聖潔的手，隨處禱告」，保羅有可能是指在公禱時高舉雙手；緊接著的經文則提到女人在公開場合應有的言行舉止。在保羅時代，人們大都會張開眼睛，高舉雙手來大聲祈禱，就連一些外邦作者也會留意到他們的這種祈禱姿勢。這些外邦人也許在會堂聚會中見過這樣的祈禱方式。對外邦人來說，高舉雙手、守安息日、潔食（kosher）等習慣，都是猶太教的特色。有些外邦人甚至誤以為，猶太人出於對潔淨條例的考慮，無意服務大眾。或許，除了嚴守安息日、行割禮和潔食之外，好些猶太做法都是基督追隨者（不論是外邦人還是猶太人）早期崇拜的一部分。由此，祈禱並非純粹是神人間的對話，而保羅更希望「祈禱」成為公共的見證，能對外表明教會之所是，減少大眾對基督追隨者和猶太人的誤解。

7.1.1.2. 直接應用與詮釋方法

那麼，我們應該不加思索就直接應用二章 1 至 7 節，也就是說，我們必須為所有人和政府祈禱？詮釋時考慮到經文的處境和脈絡，又是否會得出不一樣的看法？就邏輯而言，假如我們要直接應用這段經文，那我們豈非要同樣直接應用其上下文所載的一切？

如上文所言，二章 1 至 7 節屬於二章 1 節至四章 16 節的討論的一部分。二章 1 至 7 節與二章 8 至 15 節關係則更為密切，因兩者都涉及公共崇拜的討論。要到提摩太前書三至四章，保羅才稍稍轉變話題，論及教會領袖的問題。

筆者這裏要討論的是詮釋方法的問題。讓我們先看看緊接在二章 1 至 7 節之後的一段較惹人爭議的經文，那裏論到崇拜中女人的角色（提前二 9～15）。我們先看看二章 9 至 10 節：「又願女人廉恥、自守，以正派衣裳為妝飾，不以編髮、黃金、珍珠，和貴價的衣裳為妝飾，只要有善行，這才與自稱是敬上帝的女人相宜。」筆者要問：我們真的可以直接應用這些教導嗎？我們會強迫教會中富裕的姊妹（是的，「直接應用」，就只有姊妹，不包括弟兄！）不可用香奈兒或 LV 產品？也不可穿金戴銀？接著，我們看看二章 11 至 15 節女人教導角色的問題。有些嚴守這樣吩咐的人會說：女人不可在教會中教導任何東西；沒那麼嚴格者會説：女人可以在教會中教導小孩，卻不能教導成人（男人）；也有一些人會説：這些經文只針對某一歷史情境而言，於現代的情境中不必嚴守。這個簡單的示例帶出了一個重點，就是我們不能「選擇性地」以極其嚴格的態度「直接應用」部分經文，卻漠視其他。又或者，我們不能簡單地説，經文有些部分受限於保羅的時代背景，其他部分卻不。若然如此，又誰有資格作出最後判斷？我們要不就同意保羅的背景是跟整段經文攸關的，從而小心分析應用的問題；要不就應該把保羅的背景完全束之高閣，只嚴格按字面遵行其中的教導。我們總不能按一己喜好，左右逢源，兩者兼得吧，這無異於智性上自殺！

筆者重申，我們必須小心考量如何應用二章 1 至 7 節。今天，只按字面意思直接應用經文，漠視保羅這番話的時代背景，是反智甚至自欺欺人的——除非我們同樣按字面意思嚴格遵行接下來經文教導的一切。我們必須弄清楚保羅所要應對的問題的時代背景，是甚麼驅使他吩咐人要為萬人祈禱——甚至包括君王和在上位者？

7.1.2. 祈禱的目的

7.1.2.1. 目的(一):敬虔

7.1.2.1.1. 羅馬文化下的「敬虔」

要解讀二章 1 至 7 節,必須同時考量羅馬人如何看虔誠(piety)。二章 2 節出現了「敬虔」一詞(godliness;另參三 16,四 7～8,六 6 等),而這是保羅所言為政府祈禱的兩大目的之一(另一是「端正」):「……使我們可以敬虔、端正、平安無事地度日」(另參《和修》二 2:「使我們能夠敬虔端正地過平穩寧靜的生活」)。雖然我們今天會視「敬虔」為一種宗教上的虔誠,但這種狹隘的定義實無法表達保羅使用這詞原有的顛覆意味。

「敬虔」在原文中是一個常見的羅馬用詞,其意與拉丁文 *pietas* 同義。現代譯者傾向將「敬虔」詮釋為一種軟性的宗教情懷,是誤解了這詞的意思。參考這詞的拉丁文對應表達,它代表著一種羅馬文化底下的美德,指到一種「責任心」、「盡責任」或「忠心」。或許可將之視為「羅馬文化版」的誠信(integrity)。對他們而言,「誠信」就是盡責任、履職責。尊重他人、孝敬父母、尊敬逝者,這種種都是 *pietas* 的表現。舉例來說,有些行省的總督會以皇帝的名字替公共建築命名,以表對皇帝的尊崇,這亦屬 *pietas* 的表現。因此,這詞更似是表達一種公民的「責任感」(dutiful),而不僅是宗教的情懷「敬虔」。向社會、家庭、政府與神明盡責，全都屬 *pietas* 的範疇。我們必須留心，向神明獻祭只是 *pietas* 的一小部分，因為從多方面來說，向神明獻祭是公民責任之一，踐行羅馬宗教是公民責任的一部分（獻祭是為了社會整體的福祉）。這實在有別於現代基督徒的想像。

保羅是怎樣運用這個詞彙的？其實保羅並沒有為這詞添加太多東西。他提出的祈禱目的，是希望令信徒能夠向家庭、向社會盡上責任（obligation）——只要不違他的福音原則，即敬畏獨一真神。因此，若在公眾活動之時要向神明獻祭，跟福音的教導相衝突，保羅就不會鼓勵人參與了。不過，保羅在提摩太前書的確為「敬虔」的這重意義添加了一些面向，就是加入了敬拜基督的面向。提摩太前書三章 16 節記載了一首論基督的詩歌：「大哉，敬虔的奧祕，無人不以為然！就是上帝在肉身顯現，被聖靈稱義，被天使看見，被傳於外邦，被世人信服，被接在榮耀裏」，這表明了基督是做這一切事的核心。另一面向則是持守上帝真道的話語，拒絕空談和異端的辯論，以及不道德的經濟利益（提前四 6～8，六 3～6、11）。

除了躬行那些不違耶穌教導的羅馬人美德，保羅的 *pietas* 觀念，跟羅馬人在哪些地方糅合呢？羅馬人 *pietas* 的基礎是向恩庇主盡上責任，而這與保羅的觀念既有相似之處，也有明顯差別。忠於恩庇主並向他盡上責任，這觀念可見於提摩太前書三章 16 節關於耶穌的詩歌。保羅將這首詩歌置於「敬虔」的脈絡之中，叫權柄的核心盡放耶穌基督身上。而最大的差別是最終權柄誰屬：是基督的主權，還是皇帝的王權？——後者要令自己的雕像和名字遍佈四方，受人歌頌膜拜。這樣，保羅的「敬虔」用語，必然會給活在帝國底下的信徒帶來張力。

7.1.2.1.2. **猶太文化下的「敬虔」**

除了從羅馬文化及其對應觀念來理解「敬虔」的意思，同樣重要的是，「敬虔」這詞在保羅信仰羣體之內，也就是猶太文化中是甚麼意思。《七十士譯本》也許是尋找對應例子的最好地方，因為在其中我們能看見猶太教如何使用「敬虔」這個希臘詞彙來表達希伯來信仰。事實上，許多皈依猶太教的外邦人也會閱讀《七十士譯本》，而《七十士譯本》對他們的信仰形塑扮演了重要的角色。筆者並不是說，要把《七十士譯本》所反映的一切相關意思，都套進提摩太前書二章 2 節，但我們不應忽略猶太教對新約文本的影響力，畢竟保羅是猶太人，也影響著有一半猶太血統的提摩太，而提摩太後來又影響著歸信耶穌的外邦人。

而且，筆者留意到，「敬虔」一詞於《馬加比四書》(*4 Maccabees*)用得最多。這一點格外有趣，因為馬加比一家是在一個敵視他們信仰的環境和時代中，努力掙扎求存的。若以此觀照提摩太前書二章 2 節，那裏表明「敬虔」是為政府禱告的兩個目的之一，這可說是意味深長。可知這詞在《馬加比四書》出現的次數，已超過了它在整部《七十士譯本》其餘地方出現的次數。[19] 這是研究猶太人在外邦人統治下如何使用這詞的最好範本。《馬加比四書》五章 18 節提到「遵守律法」是「敬虔」的表達，但那裏的處境脈絡似乎正在談論對上帝的責任。這裏提及的責任恰巧是宗教性質的，正好可以用現代人所理解的「敬虔」來解讀。可是，現代讀者卻忽略了很重要的一點，乃是這詞意味著上帝是恩庇主，信徒當向祂負責。這詞跟個人虔誠關係不那麼大，反而更多地指到要向大能的恩庇主履行職責，而這裏的恩庇主正是上帝自己。這是一個表達權力結構多於個人虔誠的詞彙。此外，《馬加比四書》五章 24 節也提到「敬拜」是敬虔的表達。這裏要說的不止於個人的敬虔，而是關涉到整個以色列的集體責任，這從經文不斷出現的「我們」可見一斑。「因此在我們一切事上，我們奉上當奉上的……」(《馬加比四書》五 24) 這裏明顯看到一種「欠……債」及「責任」(debt and obligation) 用語。我們要緊記，遵守律法的責任，並非純粹現代讀者所想的宗教責任，而是猶太人的公民責任，即祖先所傳流下來 (《馬加比四書》九 29) 的神權政體 (《馬加比四書》五 31，十二 11) 的公民責任。[20] 這樣的層級意識和奉獻精神是令人欽佩的（《馬加比四書》七 1～5）。猶太人十分在意這些責任，為此，他們甘受折磨甚至喪失性命，也在所不惜，因為他們尊崇上帝（《馬加比四書》六 2、16～22，七 16～18，九 6～7，十三 4～12、26～27，十五 32）。

從宗教角度看「敬虔」不完全是錯誤的，但要留心這只是其中一部分而已。雖然宗教是猶太政治生活的核心（那是他們跟外邦人的公共生活的最大差別），但當中凌駕一切的最主要觀念，卻非純宗教性的，而是關乎上帝對以色列的掌權。換句話說，那主要是政治性和關乎立約的（political and covenantal）。上帝子民既有約在身，那盡他們的本分，履行責任，就是「敬虔」的本質了。

7.1.2.2. 目的（二）：端正

除了「敬虔」的生活外，另一個為掌權者禱告的目的是「端正」（一些英文譯本譯作「聖潔」〔holiness〕，如 NIV）。中文譯作「端正」比譯作「聖潔」好得多（另參《呂譯》作「莊重」）；事實上，這詞不常指聖潔，反而較貼近拉丁文 *gravitas*（含莊重威嚴，有責任感之意）。這詞有時也會譯為「尊嚴」（dignity）。保羅要會眾為政府祈禱，以致教會能活出其應有的尊嚴、莊重。在新約聖經裏，只有提摩太前書三章 4 節和提多書二章 7 節用過這詞；它的形容詞衍生詞也見於提摩太前書三章8、11節、提多書二章2節和腓立比書四章8節。當它在提摩太前書三章11節以形容詞形態出現時，它形容執事和妻子（或女執事）為配得尊敬的：「女執事也是如此：必須端莊，不說讒言，有節制，凡事忠心。」這樣的尊嚴、莊重，包括不說讒言，有節制和忠心。換句話說，「端正」包括信徒不會表現出一些不固守真理的言行。「節制」往往涉及喝酒，酒精會令部分人行為不端。因此，保羅這裏是勸勉人不要於情緒、態度和行為上失控。「忠心」意指信實，換句話說，「端正」關乎說實話、守諾言。從以上例子可見，男女皆可以擁有這種「端正」。

從其他希臘文文獻檢視這詞，會發現它代表著優越和優雅（superiority and class）。在一些例子中，這樣的描述會被誤解為狂傲自大。但肯定的是，這詞代表一種優越。斯多亞學派（Stoics）似乎也很重視這個質素。《馬加比四書》五章36節和七章15節也用上這詞，用以形容人在充滿敵意的環境下，勇於堅守猶太信仰。保羅身處的世界，對猶太教或以基督為中心的信仰，從沒有完全放下戒心。猶太教及其分支出來的基督教，因沒有膜拜可見的神像，令一些異教徒誤以為兩者是無神論的。主餐對異教徒來說亦十分古怪，因為基督追隨者宣稱他們在吃基督的身體，喝基督的血，直等到祂回來。總的來說，別人對他們總是誤解重重。然而，保羅提出信徒要以「端正」的見證為目標，這是羅馬文化和猶太教所共同重視的。他希望這個見證能展示出一點，就是教會可以給社會帶來福祉。這是避免令人誤解信仰的方式。今天，很多人對基督教不明所以，誤以為基督教專門反這反那，但保羅這裏卻鼓勵大家努力營造一個對基督信仰友善的環境。他這裏非純粹要我們為政府祈禱。

討論過為政府祈禱的兩個目的後，我們當已看到，這全為了要跟異教社會建立起共同點，就著教會所身處的環境，展示出公共的見證。透過為政府禱告，保羅帶出了信仰的公共性質。對他而言，宣教也需要盡可能尋找與羅馬文化的共同點，致能在這個文化中傳揚福音，見證信仰。

7.1.3. 提前二1～2：祈禱的性質

> [1] 我勸你，第一要為萬人懇求、禱告、代求、祝謝；[2] 為君王和一切在位的，也該如此，使我們可以敬虔、端正、平安無事地度日。

看過祈禱的目的後，我們再回過頭來，思考不同性質的祈禱。保羅在二章1節使用了四個詞——「懇求」、「禱告」、「代求」、「祝謝」，來描述不同性質的祈禱。第一個詞是「懇求」

（requests），指要求得到所欠缺的東西；我們需要祈禱，正因為信仰羣體有需要。第二個詞是「禱告」（prayers），以禱告的對象為焦點；透過這一通稱，保羅強調一點，就是提出請求者，是向上帝而不是向人說話。第三個詞是「代求」（intercession），即代表某人說話；前文「懇求」表明信仰羣體的一般需要，而「代求」則指當中的每一員，在上帝面前都彼此關顧，關心對方的需要。第四個詞是「祝謝」（thanksgiving；《新譯本》作「感恩」），即信仰羣體確切經歷到、並承認上帝賜下恩惠。我們也可以用接下來這四個「描述」，進一步定義這四個詞彙，以清晰呈現祈禱的四方面，作為我們禱告的指引：人依靠上帝、人來到上帝跟前、人彼此關顧、人看見上帝施恩。

保羅這裏談到該為誰禱告。在二章 1 至 2 節，保羅勸信徒要為「萬人」（《和修》作「人人」）祈禱。假如我們把二章 1 節開首的「所以」連於前文，這裏的祈禱當然包括攪擾教會的人（見提前一 19 下～20）。就著這個問題，該如何應用上述四個祈禱的「描述」? 我們可以想像得到，信徒可以「懇求」上帝除去假教師造成的影響，或者為到受影響者「代求」，但我們很難想像我們會為這事「祝謝」。如果我們再看看二章 2 節上，保羅提到要為「君王和一切在位的」祈禱，我們可以想像得到，基督的追隨者可以「懇求」上帝叫掌政者制定更好的政策，或者為那些受壞政策影響的人「代求」，或者為利民的新政策感恩「祝謝」。有些人認為祈禱必須包括這四方面，結果要在不值得感恩之處尋找「祝謝」。可事實不必如此。保羅這裏之所以涵括四個「描述」，乃是對應二章2節下的祈禱目的而言，意即無論信徒選擇怎樣祈禱，都旨在叫教會「平安無事地度日」，無論是「懇求」、「禱告」、「代求」或「祝謝」等。

我們再看看祈禱的四個「描述」——人依靠上帝、人來到上帝跟前、人彼此關顧、人看見上帝施恩，當中包含了一些不變和可變的因素（constants and variables）：不變的，是上帝最終掌管著世界；可變的顯然是人的因素。有時候，人或者未留意到別人的需要，致沒有為人「代求」；別的時候，人或者未見到自己即時的需要，因此未有「懇求」；其他時候，人找到值得「祝謝」的事，有時候卻不。這四個描述可以在一點或多點上，對應保羅就不同議題提出的祈禱，但不一定每次都完全對應。由此可見，公禱可包括當中任何一個或幾個描述，卻不一定要四者全包。

7.1.4. 提前二3～4：祈禱的基礎（一）

> [3] 這是好的，在上帝我們救主面前可蒙悦納。[4] 他願意萬人得救，明白真道。

不少人之所以重視祈禱，可能還是停留在「我們未求以先，上帝是否已知道我的需要⋯⋯？」這種「我的需要」的層面，但保羅在二章 3 至 4 節，卻把焦點帶到祈禱的神學基礎這個高度上：「這是好的，在上帝我們救主面前可蒙悅納。他願意萬人得救，明白真道。」保羅在這裏引入了上帝的救恩計劃，而且那是對應著有關掌政者的論述而說出來的。很多人對這段經文的詮釋之所以偏差，往往是因為沒有把握好處境和祈禱的關連，致衍生出對經文的刻板應用。

我們要留心的是，保羅在二章 3 節帶出了一個極其重要的概念——「救主」(Savior)。任何有關救恩的討論，都必須提到救主。我們對「救主」的理解，可能大都只停留在決志信主一刻的禱告：「我願意打開心門接受主耶穌作我的『救主』⋯⋯」救主的這種用法雖然十分普遍，有時卻流於一種宗教感覺，叫人易生誤解。其實這個稱號歷史久遠，在保羅的福音出現之前早已存在，只是我們太過留意「當下」的拯救，而忽略了其背後的歷史意涵。這個有悠久歷史的稱號，代表著人有能力拯救羣眾，讓他們得享繁榮豐盛。兩約之間的一些君王也會被稱為「救主」，別的統治者也有如此稱呼。這個稱號背後的政治理想是：成功的統治者，要為人民帶來希望。所以，若將這稱號放在現代社會現實的處境底下，就會看見其意味的深遠。這段經文正是如此。此外，當我們論到「救主」，亦必須問：我們蒙拯救脫離了甚麼（saved from）？我們蒙拯救又為了甚麼（saved for）？根據上下文，保羅的聽眾一方面蒙拯救脫離一章3、19節下和20節的異端邪說，另一方面蒙拯救超脫不完美之人間政體；而這個羣體蒙拯救更是為了學習（提前四13）和宣道（提前二7）。

不過，誰是上帝拯救的對象？二章4節肯定會令堅持「有限贖罪說」（limited atonement）的信徒感到如芒在背，坐立不安。二章4節說上帝「願意萬人得救」。不過，我們也可以把這個討論，置放於提摩太前書四章1至3節的假教師的處境來思考：這些假教師誤信一種排他式的信仰（exclusivist），以為禁這禁那便是信仰的焦點。在這樣的背景底下，也許保羅所說的「萬人」是指到各色人等、不同族羣，而事實上他亦正在講論有關宣教的事。

當保羅在這裏談到祈禱，他心中似乎早已設定了某種層級制度，也就是說，救主上帝超越一切執政掌權的；他們的一切思量謀算，均在上帝手中。羅馬皇帝「拯救」自己的人民，只為了擴張版圖；保羅的上帝拯救百姓，卻是要他向外邦世界擴展另類的疆界。皇帝希望所有人都學習他們的宣傳口號和意識形態；保羅卻希望「萬人得救」，明白上帝的真道。皇帝的世界和上帝的世界，有時難免出現分歧，因此這個祈禱的教導，其實告訴我們最終的權威不在地上的權柄，而在上帝自己，而祂的議程與世上的權柄斷然不同。

7.1.5. 提前二 5 ～ 7：祈禱的基礎（二）

> [5] 因為只有一位上帝，在上帝和人中間，只有一位中保，乃是降世為人的基督耶穌；[6] 他捨自己作萬人的贖價，到了時候，這事必證明出來。[7] 我為此奉派作傳道的，作使徒，作外邦人的師傅，教導他們相信，學習真道。我說的是真話，並不是謊言。

討論過這裏祈禱的基礎乃在上帝的至高本性和教會的宣教工作，保羅接著進一步闡述這兩個主題，希望為萬人禱告的公禱基礎更形堅固。二章 5 至 6 節（原文是一句話）是傳統認信（traditional confession）的一部分：「因為只有一位上帝，在上帝和人中間，只有一位中保，乃是降世為人的基督耶穌；他捨自己作萬人的贖價，到了時候，這事必證明出來。」這一節以「因為」開始，而接下來的內容似乎是教會早已熟知的東西，是保羅信手拈來的（參可十 45）。「因為」同時亦說明了這些基礎為何重要。保羅似乎認為，今天我們覺得不大好懂的神學觀念，於初期會眾卻是基本的認知，顯見他們在教會中早已學到這些道理。

保羅在二章5節訴諸他的一神信仰，以指出上帝偉大救恩於公禱中的重要性。這位向外邦宣教的上帝，就是希伯來聖經的上帝；以色列的上帝，和教會的上帝毫無二致。保羅在二章5節提到「一位中保」，祂獻上自己，成就上帝救恩。這裏「作萬人的贖價」的「萬人」，與二章4節上帝「願意萬人得救」的「萬人」一樣。保羅指出，「只有一位上帝」，祂要「萬人」得救，「到了時候，這事必證明出來」，而這個「時候」大概指耶穌履行職事的時候。不過，有「報信者」（herald；參《呂譯》；有譯作「使者」；《和合本》譯「作傳道的」）宣講這職事嗎？保羅在二章7節指出：「我為此奉派作傳道的，作使徒，作外邦人的師傅，教導他們相信，學習真道。」他就是宣講這職事的使者和使徒。

總的來說，保羅的職事來自上帝，遠超帝國福音的報信者。「報信者」既是皇帝的傳信者，這詞本身便含有一定的政治意味。保羅以「報信者」的身分來宣講那位羅馬人未識之上帝的掌權；今天猶太人雖仍活在羅馬殖民統治下，其所敬拜的獨一上帝卻遠勝羅馬諸神。最後，保羅亦堅稱他所宣揚的真理是獨一無二的，有別於世上的一切真理。

回到為「君王和一切在位的」和為「萬人」祈禱的教導，保羅這裏所討論的，並不止於日常生活的關注：保羅希望上帝的旨意，通過基督所差遣的教會來成就。那麼我們便要不住叩問，我們今天的宣教使命是甚麼？我們祈禱的內容（即使是為政府祈禱）又是甚麼？上帝又要藉著我們的服事帶來甚麼改變？

註釋

1　見 Lea Y. Cantor, "Augustus and Auctoritas," *Berkeley Undergraduate Journal of Classics* 3 (2015): 1～9 的精彩討論。

2　Timothy A. Brookins, "'I Rather Appeal to *Auctoritas*': Roman Conceptualizations of Power and Paul's Appeal to Philemon," *Catholic Biblical Quarterly* 77, no. 2 (April 2015): 302～321 有很好的討論。

3　類似記載見於筆者與吳瑩宜所著的《啟示錄的刻劃研究：英雄、女性與國度的故事》（香港：基道，2009）。

4　見 Davina C. Lopez, *Apostle to the Conquered: Reimagining Paul's Mission* (Minneapolis: Fortress, 2008)。

5　盧佩斯在她的著作中輯錄了該雕塑的相片；參 Lopez, *Apostle to the Conquered*, 2。

6　演說內容見 Perseus project 的網上版本：http://www.perseus.tufts.edu/hopper/text?doc=Perseus%3Atext%3A1999.02.0021%3Aspeech%3D8%3Asection%3D15；瀏覽於2016年10月13日。

7　F. F. Bruce, *Paul: Apostle of the Heart Set Free* (Grand Rapids: Eerdmans, 1977), 37～38.

8　Sam Tsang, *From Slaves to Sons: A New Rhetoric Analysis on Paul's Slave Metaphors in His Letter to the Galatians* (New York: Peter Lang, 2005), 51～57.

9　Joseph D. Fantin, *The Lord of the Entire World: Lord Jesus, a Challenge to Lord Caesar?* (Sheffield: Sheffield Phoenix Press, 2011), 156～165 記載了所有細節。

10　篇幅所限，未能詳論歌羅西書的作者問題，但無論如何，這首詩歌肯定是來自保羅門生所建立的保羅羣體（另參本書段落4.1）。

11　筆者不會在這裏爭論以弗所書的作者誰屬，但即使它並非由保羅所寫，也是按著源自保羅所宣講的福音傳統而寫成。

12 Ronny Reich, “A Note of the Population Size of Jerusalem in the Second Temple Period,” *Revue Biblique* 121 (2014): 298～305.

13 曾思瀚：《羅馬書解讀：基督福音的嶄新視野》，吳瑩宜譯（台北：校園，2009），頁 308 ～ 312。

14 曾思瀚：《羅馬書解讀》，頁 59 及以下，特別頁 63。

15 參鄧肯於二〇一三年呈交英國 The Open University 與 Tyndale House 屬下的 Kirby Laing Institute for Christian Ethics 聯合哲學博士學位的論文 “Obligations as Ethics”。

16 Robert Jewett, *Romans: A Commentary*, Hermeneia (Minneapolis: Fortress, 2007), 795.

17 馮蔭坤：《腓立比書》，天道聖經註釋（香港：天道，1987），頁 217 ～ 236，值得參考。

18 筆者不會在此討論本書信的作者問題，讀者可以參閱筆者相關的教牧書信著作，例如曾思瀚：《僕人領袖的教導與領導：提多書、提摩太前書析讀》，曾景恒譯（香港：基道，2013），頁 2 ～ 11，或其他討論這個議題的註釋書。

19 這個詞彙單單在《馬加比四書》已出現了十一次，而它在整本《七十士譯本》其餘地方亦只出現了十次。

20 箴言一章7節在《七十士譯本》有「對上帝敬虔」一語，是希伯來文本中沒有的；正是要表達對耶和華這種性質的敬畏。

精選書目

Barclay, John. *Paul and the Gift*. Grand Rapids: Eerdmans, 2017.

Bird, Michael F. *An Anomalous Jew: Paul among Jews, Greeks, and Romans*. Grand Rapids: Eerdmans, 2016.

Brookins, Timothy A. "'I Rather Appeal to *Auctoritas*': Roman Conceptualizations of Power and Paul's Appeal to Philemon." *Catholic Biblical Quarterly* 77, no. 2 (April 2015): 302～321.

Bruce, F. F. *Paul:Apostle of the Heart Set Free*. Grand Rapids: Eerdmans, 1977.

Doerfler, Maria E., ed. *Church and Empire*. Minneapolis: Fortress, 2016.

Fantin, Joseph D. *The Lord of the Entire World: Lord Jesus, a Challenge to Lord Caesar?* Sheffield: Sheffield Phoenix Press, 2011.

Goldsworthy, Adrian. *Pax Romana: War, Peace and Conquest in the Roman World*. New Haven: Yale University Press, 2016.

Harvey, A. D. *Body Politic: Political Metaphor and Political Violence*. Newcastle: Cambridge Scholars Publishing, 2007.

Hornblower, Simon, Antony Spawforth and Esther Eidinow, eds. *The Oxford Classical Dictionary*. 4th Edition. Oxford: Oxford University Press, 2012.

Horsley, Richard A., ed. *Paul and the Roman Imperial Order*. London: Trinity, 2004.

Kim, Yung Suk. *Christ's Body in Corinth:The Politics of a Metaphor*. Minneapolis: Fortress, 2008.

Martin, Dale B. *The Corinthian Body*. New Haven: Yale University Press, 1999.

Novenson, Matthew. *Paul,Then and Now.* Grand Rapids: Eerdmans, 2022.

Rowe, Gregory. "Reconsidering the Auctoritas of Augustus." *Journal of Roman Studies* 103 (2013): 1～15.

Smith, R. R. R. et al., eds. *Aphrodisias Papers 5: Excavation and Research at Aphrodisias*. Portsmouth: Journal of Roman Archaeology, 2016.

Squire, Michael. "Corpus Imperii: Verbal and Visual Figurations of the Roman 'Body Politic'." *Word and Image* 31, no.3 (2015): 305～330.

Zanker, Paul. *The Power of Images in the Age of Augustus*. Translated by Alan Shapiro. Ann Arbor: University of Michigan Press, 1990.